이래서 믿는다

KNOW WHY YOU BELIEVE
by Paul E Little

Published by InterVarsity Press as *Know Why You Believe*
Copyright ⓒ 2003 by Marie Little.
Translated and printed by permission of InterVarsity Press,
P.O. Box 1400, Downers Grove, IL60516, USA.
www.ivpress.com
All rights reserved.

Korean Edition published by Word of Life Press, Seoul, 2008.
Printed in Korea.

이래서 믿는다 개정판

ⓒ 생명의말씀사 1971, 2008

1971년 6월 10일 1판 1쇄 발행
1991년 5월 15일   11쇄 발행
1992년 6월 20일 2판 1쇄 발행
2006년 6월 25일   8쇄 발행
2008년 8월 10일 3판 1쇄 발행
2024년 6월 7일   6쇄 발행

펴낸이 | 김창영
펴낸곳 | 생명의말씀사

등록 | 1962. 1. 10. No.300-1962-1
주소 | 서울시 종로구 경희궁1길 6 (03176)
전화 | 02)738-6555(본사) · 02)3159-7979(영업)
팩스 | 02)739-3824(본사) · 080-022-8585(영업)

기획편집 | 김정옥, 조해림
디자인 | 박소정, 정혜미
인쇄 | 주손디앤피
제본 | 주손디앤피

ISBN 978-89-04-10093-4 (03230)

저작권자의 허락없이 이 책의 일부 또는 전체를
무단 복제, 전재, 발췌하면 저작권법에 의해 처벌을 받습니다.

이래서 믿는다

Know Why You Believe

폴 리틀 지음 · 김태곤 옮김

생명의말씀사

머 리 말

본서의 탄생 배경

"2000년 후에도, 기독교를 궁지에 빠트릴 질문은 제기될 수 없을 거야."

남편 폴은 혼잣말을 하면서, 캔자스대학교에서 열리는 모임 장소에 조마조마한 마음으로 들어섰다. 학생들과 기독교에 관한 대화를 나누기 위해서였다.

폴은 오후 6시 정찬에서 15분 정도 강연한 후 질문을 받기로 되어 있었다. IVFInterVarsity Christian Fellowship의 신규 직원으로서, 그는 두려움을 느꼈다. 그 자리가 학문의 전당이라는 생각에 두려움이 더 심해졌다. 더욱이 거기 모인 학생들은 한결같이 명석했다. 훗날 그는 그곳에 들어서면서 이렇게 기도했다고 밝혔다.

주여, 의문을 제기하는 사람들에게 기독교의 기본 진리를 명쾌하게 설명하려 할 때마다 제가 굉장히 곤혹스럽다는 것을 주께서는 잘 아십니다. 그런데 왜 하필이면 가장 명석한 학생들이 모인 자리에서 그 일을 시작해야 하나요? 그들은 저를 갈기갈기 찢으려 들 것입니다. 오늘밤 그곳을 무사히 빠져나올 수 없을 것만 같아 두렵습니다.

하지만 놀랍게도, 그날 밤 한 젊은이의 삶이 완전히 변화되었다. 하나님으로부터 얻은 새로운 깨달음이 그에게 새 삶과 그것을 가능하게 하는 힘을 주었던 것이다. 그 젊은이는 그리스도인이 되기로 결심했다.

이 한 사람의 귀한 반응에 용기를 얻은 폴은 사역을 계속했다. 캠퍼스를 두루 다니면서 기숙사 모임과 친교 모임을 인도했고, 학생들과의 일대일 대화에 많은 시간을 할애했다. 5개 대륙의 수백 개 캠퍼스에서 그는 지겨워하는 학생들, 지적인 학생들, 운동선수들의 관심을 끌려고 노력했다. 듣는 사람들의 사고thinking를 유발하며 그들로 하여금 과학 결정주의로부터 격렬한 실존주의에 이르는 다양한 세계관을 점검하도록 돕기 위해, 그는 짤막한 질문을 던지곤 했다. 농담과 유머도 간간이 사용했다. "오늘 당신이 어느 레스토랑에서 식사를 했다면 당신은 은연 중에 믿음의 행동을 한 셈입니다." "무엇을 믿는다고 해서 그것을 참되게 만드는 것은 아니며, 믿기를 거부한다고 해서 그것을 거짓으로 만드는 것도 아닙니다." "성경을 믿지 않는다고 말하는 많은 사람이 실제로는 한 번도 성경을 읽어본 적이 없습니다."

25년 동안 강의를 해오면서, 폴은 청중의 부류에 상관없이 흔히 제기되는 질문 12가지가 있음을 발견했다. 그리고 그 질문들을 '예측 가능한 질문'이라고 했다.

"이 질문들에 대해 깊이 생각한다면, 올바른 답을 알게 될 것입니다. 그릇된 질문에는 올바르게 대답해 본들 별로 도움이 되지 않아요!"

그는 성경과 성경학자들에 대한 연구를 통해 나름대로 답을 찾아냈다. 본서는 이렇게 해서 탄생했다.

이 책의 내용은 전적으로 폴의 것이다. 나는 고고학과 과학의 특정 분야에서 착안한 몇몇 예화들을 보탰을 뿐이다. 이들 각 영역에서 나는 폴이 의도적으로 초점을 맞췄던 성경적 근거들을 따랐다. '윌로우 크릭 커뮤니티 교회' 임직원 출신의 두 학자이자 변증가인 저드슨 폴링과 브랫 미첼은 이 개정판을 준비하는 과정에서 꼭 필요한 도움을 주었다. 나는 이들의 지혜에 깊은 감사를 표한다.

자동차 사고로 남편이 사망한 지 수십 년이 지났다. 하나님이 본서에 기록된 답을 계속 사용해오셨다는 사실에 대해 나는 놀라움을 금치 못한다. 폴이 살아 있다면 진지하게 머리를 끄덕이며, "이것은 하나님의 작품입니다. 이 지혜의 빛은 그분으로부터 나온 것입니다."라고 말할 것이다. 성경은 어떤 도전에도 능히 맞설 정도로 튼튼하고 신뢰할 만하다. 폴이 말했듯이, 2,000년이 지나도 기독교를 궁지에 빠트릴 수 있는 질문을 생각해낼 사람은 아무도 없을 것이다. 반면 우리 모두가 추구하는 진리의 말씀은 예나 지금이나 놀라운 영향력을 발휘해 왔다.

 최근 나는 어느 젊은 시크교 여성에게 이 책을 한 권 주었다. 그녀는 남편과 함께 몇 차례 우리 집을 방문한 후, "이 책이 나의 모든 의문들에 대답해주었어요."라고 말했다. 그녀는 예수 그리스도의 헌신적인 제자가 되었다. 아울러 너무나 신실한 아내와 엄마가 되었다. 참으로 놀라운 은혜였다.

마리 리틀

목 차

■ 머리말 _ 4

chapter 1   기독교는 합리적인가 _ 11

chapter 2   하나님은 존재하는가 _ 31

chapter 3   그리스도는 하나님인가 _ 55

chapter 4   그리스도는 다시 살아나셨는가 _ 73

chapter 5   성경은 하나님 말씀인가 _ 91

chapter 6   성경은 믿을 만한가 _ 113

chapter 7 고고학이 성경의 진실성을 입증하는가 _ 133

chapter 8 이적은 가능한가 _ 157

chapter 9 과학과 성경은 일치하는가 _ 177

chapter 10 왜 하나님은 고통과 악을 허용하실까 _ 207

chapter 11 기독교는 다른 종교와 다른가 _ 227

chapter 12 기독교적 체험은 타당한가 _ 251

■ 주(註) _ 272

Know
Why
You Believe

chapter 1

기독교는 합리적인가

기독교는 합리적인가

"믿음이란 무엇인가요?" 주일학교 교사가 물었다. 한 남자 아이가 불쑥 대답했다. "사실이 아닌 것을 믿는 거예요."

믿음과 기독교를 연구하는 많은 사람이 이런 식으로 생각한다는 것은 놀라운 일이 아니다. 사실 그리스도인 중에도 공공연하게 또는 은밀하게 이런 견해를 가진 이들이 많다. 25년 동안 나는 전국 각지의 대학생들과 토론하는 자리에서 이 질문을 던져 왔다. 그때마다 학생들은 대부분 그 아이와 같은 대답을 했다. 조금 다른 말로 표현될 때도 있지만, 대체로 그 속에는 자기 기만과 불신이 담겨 있다.

대학생들과 대화를 나눌 때 나는 성경에 제시된 믿음에 대한 정의를 간단하게 묘사한다. 그런 후 학생들의 질문을 유도한다. 그들의 반응은 참으로 놀랍다.

이성에 작별을 고하지 말라

몇몇 학생은 솔직하고 간략하게 요약된 기독교 메시지를 처음 듣게 되어 유익했다고 말한다. 예수를 믿는 학생들은 공개 토론에서 기독교적인 이야기가 명료하게 변증되는 것을 듣고 안도감을 느낀다고 말하기도 한다. 신자가 된다고 해서 이성에 작별을 고하는 것은 아니다.

우리는 점점 더 복잡하고 지식이 넘쳐나는 세계에 살고 있다. 우리도 모르는 사이 새로운 가치가 생겨나고 그로 인해 확신이 흐릿해지고 신념이 흔들린다. 그렇기 때문에 '믿는' 이유에 대해 알아야 하고, 그 믿음을 뒷받침하는 진리들을 검토해야 한다. 우리는 어떤 진리에 기초하여 살아가는가?

과연 기독교가 합리적이며 세밀한 점검을 견뎌낼 수 있을까 하는 중대한 질문을 놓고, 다양한 오해에 둘러싸인 '믿음'이라는 말로 이야기를 시작해 보자.

첫째, 누구나 매순간 믿음을 사용한다. 믿음을 사용하지 않는 것은 불가능하다. 종교적인 믿음을 제쳐두고도 마찬가지다. 우리는 의사, 슈퍼 점원, 데이트 신청하는 사람을 믿는다. 또한 대중교통이 우리를 일터로 데려다줄 것을, 집배원이 편지를 전달해줄 것을 믿는다. 과학자는 이전 과학자들에게서 배운 과학적 방법론에 대한 믿음을 지니고 있으며, 그들이 정직하다고 생각한다. 이 경우에 있어 믿음은 신뢰이다. 현실과 의미 있게 교류하기 위해서는 최소한의 믿음을 지녀야 한다.

> 어떤 여론 조사로도 하나님의 존재를 아예 배제시키지는 못할 것이다.

둘째, 믿음은 그 대상만큼만 확실하다. 검증되지 않은 음식이나 무자격 의사 또는 부정직한 사람을 믿는다면, 그 믿음은 확실하지 않다. 잘못된 믿음에 대한 예로, 한 학생에 관한 이야기를 들어보자. 그 학생의 여자친구는 그 몰래 오랫동안 다른 남자를 사귀어 왔고 곧 그와 결혼할 예정이었다. 좋은 의도에서 나온 믿음이라도, 그 대상의 진실성이 입증되지 않은 경우 그 믿음이 쓸모없게 될 수 있다.

반면 빈약한 믿음이라도 그 대상이 신뢰할 만한 경우에는 좋은 결과를 낳는다. 예를 들어, 두껍게 얼어붙은 강에 대한 당신의 믿음이 약하더라도 그 결과는 긍정적이다. 당신의 믿음의 강도에 상관없이 얼음은 당신의 체중을 지탱해줄 것이다.

셋째, 믿음의 대상에 대한 신뢰성 테스트는 합리적이며 분명 권장할 만하다. 지혜는 믿음의 대상의 진실성을 점검하게 하고 파악하도록 해준다. 시계가 고장 나면 고치면 그만이다. 이것은 얼마든지 효과적으로 시도할 수 있는 일이다.[1]

이전의 생각을 점검하라

이와 같이 믿음은 삶의 정상적인 일부분이다. 이 사실을 바탕으로 기독교 신앙의 합리성을 가능한 한 객관적으로 점검해야 한다. 기독교에 관한 '우리의 이전 생각'은 객관성에 영향을 미치기 마련이다. 기독교에 관해 알고 있는 사실은 무엇인가? 그것을 합리적으로 보는가,

비합리적으로 여기는가? 기독교와 관련된 것인가, 무관한 것인가? 학생들이 내게 제기했던 질문들은 그들의 이전 생각을 뚜렷이 반영했다. 정보 부족이나 기독교의 근본 내용에 대한 오해가 들어있는 물음도 있었으며, 진지하고 예리한 질문도 많았다.

이전 생각은 핵심 요소이다. "당신이 안다고 생각하는 것이 당신에게 해가 될 수 있다."는 문구가 '시카고 트리뷴'지 기사 제목으로 실린 적이 있다. "짧은 지식이 당신의 재무 상태에 해를 끼칠 수 있다."는 부제가 달린 이 기사에는, 투자자들에게 흔한 15가지 사례들이 열거되어 있었다. 그 중에는 "나는 세일 행사가 있을 때마다 물건을 사서 돈을 절약하려 한다."는 내용도 있었다. 기독교 신앙에 관한 너무나 편협한 지식 역시 해로울 수 있다. 참된 기독교에 관해 분명히 아는 부분과 아리송한 부분은 무엇인가?

우리의 이전 생각과 마찬가지로, 믿음을 흐릿하게 만드는 또 다른 요소는 감정적 지능지수 또는 감성지수EQ이다. 그리스도인이라고 떠들면서 실망이나 혐오감을 안겨주는 사람들이 있다. 그래서 누군가는 '그리스도인'이라는 말만 들어도 분통이 터질 수 있다. 사실 모든 사람이 정서적 결함을 지니고 있다. 하지만 그것을 자각하고 경계한다면 삶에 도움이 될 것이다.

반면 그리스도인이나 기독교와 아예 접촉하지 않고 지내는 경우도 있다. 이 경우에는 정보도 결함도 접하지 못한다. 어떤 경우에서든, 자신의 생각과 감정의 원인을 더 많이 파악할수록, 우리는 C. S. 루이스가 말하는 소위 '기독교를 위한 논거'를 더 객관적으로 고려할 수 있다.

성경에서 말하는 기독교는 매우 구체적이고 이해 가능한 근거들을 가지고 있다. 기독교는 밀의적인 종교가 아니다. R. C. 스프로울은 기독교는 막연한 상징 속에 숨겨져 있지 않다고 말한다. 누군가 인생의 의미란 너무나 난해하다며 조심스런 목소리로 당신에게 말한다면, 스프룰은 그것을 밀의적이라고 지적할 것이다. 이것은 합리적 사유 근거가 아니다. '합리적 사고'라는 개념과는 분명 거리가 멀다.[2]

어느 종교에서나 우리의 영적 체험과 유사한 경험을 주장할 수 있다. 19세기 철학자 니체로부터 오늘날에 이르기까지, 기독교 외부로부터 내부에 이르기까지, 우리는 신이 죽었다는 말을 듣고 있다. 윤리적 인본주의가 점점 더 강한 호소력을 얻고 있다. 줄리언 헉슬리의 『계시 없는 종교』*Religion Without Revelation*는 신이 죽었다고 주장하는 접근법을 보여주는 좋은 사례이다. 다원론은 발달된 통신과 더불어 오늘날의 세상을 이웃으로 만드는 데 있어 주도적인 역할을 담당한다. 우리는 다음과 같은 얘기를 쉽게 들을 수 있다.

- 모든 종교는 똑같이 타당하다.
- 종교적 체제 사이의 상충 사항은 충분히 인정해줄 만하다.
- 절대적 진리는 존재하지 않는다.

객관적으로 검증되는 기독교

분석철학자 앤서니 플루는 탐구자에게는 '객관적으로 검증될 수 없는' 종교적 단언이란 무의미하다고 말했다. 그는 존 위즈덤이 말했던 생생한 이야기를 예로 든다.

두 명의 탐험가가 정글 속 개척지에 도착했다. 거기에는 많은 꽃과 갈대가 자라고 있다. 한 탐험가가 "어떤 정원사가 이렇게 꾸민 게 분명해."라고 말한다. 다른 탐험가는 "정원사 따윈 없어." 하고 반박한다. 그들은 텐트를 치고 살펴본다. 정원사는 보이지 않는다. "어쩌면 그는 보이지 않는 정원사일 거야." 그들은 철조망을 두르고 거기다 전기를 연결한다. 정찰견과 순찰을 돈다. 왜냐하면 그들은 H. G. 웰즈의 '투명인간'이 보이지는 않지만 냄새나 촉감으로 감지할 수 있다는 것을 기억하기 때문이다. 하지만 비명 소리가 한 번도 들리지 않는다. 이는 거기 들어온 사람이 없음을 뜻한다. 투명인간이 철조망을 기어오른다면 분명 철조망이 움직일 텐데 그런 흔적도 보이지 않는다. 정찰견도 결코 짖지 않는다. 그러나 한 사람은 여전히 확신이 서지 않는다. "하지만 전기 충격을 느끼지 않고, 눈에 보이지도 않고, 몰래 와서 자신이 좋아하는 정원을 살피는 정원사가 있어." 마침내 상대방이 짜증내며 말한다. "그런데 자네의 원래 확신은 어디로 갔어? 보이지 않고 만질 수도 없으며, 영영 남의 눈을 피하는 정원사가, 상상의 정원사 또는 아예 존재하지도 않는 정원사와 어떻게 다른가?"[3]

복음주의 신학자 존 몽고메리는 이 이야기에 설명을 붙인다. "기독교에서는 이 세상이 자애로우신 정원사인 하나님의 보살핌을 받는다는 주장만 제시하는 게 아니다. 그 정원사께서 예수 그리스도를 통해 인간 세계로 실제로 들어오셨다요한복음 20:14-15. 이 사실은 그분의 부활을 통해 입증된다."[4]

진리의 합리적 실체

기독교 신앙이 진지하게 고려되지 않고, 단지 수많은 주장 중 하나로, 입증 가능한 진리를 토대로 하지 않는 것으로 간주되는 경우가 너무나 많다. 신앙과 미신이 별 차이가 없어 보인다.

그러나 사실은 정반대이다. 성경 자체가 합리적 과정의 중요성을 강조한다. 예수님은 제자들에게, "네 마음을 다하고 목숨을 다하고 뜻을 다하여 주 너의 하나님을 사랑하라"마태복음 22:37고 강조하셨다. 그분을 믿는 것은 우리의 전인을 수반하는 일이다. 사도 바울은 자신이 복음을 변명하고 확정하는 일을 한다고 했다빌립보서 1:7. 이는 자신의 믿음을 변증했음을 가리킨다. 이것은 복음이 매우 합리적이라는 것을 시사한다.

깨우침이 없는 사람은 하나님의 진리를 이해하지 못한다. 그러나 진리의 합리적 실체에 기초한 깨우침은 만족스러운 이해를 가능하게 한다. 남녀노소를 막론하고 우리 모두는 분별력과 설명이 필요하다. 뜨거운 석쇠를 만지면 덴다는 것을 아이에게 일러주라. 그래야만 아이가 그것을 만질지 말지 선택할 수 있다. 아이는 깨우침을 얻은 셈이다. 우리도 마찬가지다. 깨

> 믿음이 진리를 만들어 내지는 않는다. 불신이 진리를 파괴하는 것도 아니다. 기독교 신앙은 이성을 초월하지만 이성을 배제하는 것은 아니다.

우침은 기독교의 주요 진리들을 '아는' 데서 생긴다.

기독교 신앙은 언제나 진리이다. 그리고 진리는 항상 오류의 반대이다데살로니가후서 2:11-12. 아직 믿지 않는 사람들을 가리켜 바울은 진리를 거부하는 자들이라고 말한다로마서 2:8. 진리를 객관적으로 확립할 방법이 없다면, 진리와 거짓은 매한가지일 것이다. 근본적인 물음은, 절대적 진리가 존재하느냐이다. 한 가지 분명한 증거가 있다.

피조 세계가 분명히 증거한다

사도 바울이 논리적으로 설명하듯이, 피조 세계 자체가 하나님이 계심을 알기에 충분한 증거이다. 로마서 1:19에서 사도 바울은 "하나님께서 이를 저희에게 보이셨느니라"고 한다. 누구나 하나님을 쉽게 볼 수 있다. 그분은 숨어 있지 않으시다.

이어서 바울은 피조 세계를 볼 것을 권한다. "창세로부터 그의 보이지 아니하는 것들……분명히 보여 알게 되나니." 또한 바울은 하나님의 두 가지 주요 특성인 "그의 영원하신 능력과 신성"이 분명히 드러난다고 말한다로마서 1:20.

이 짧은 구절은 하나님이 이해 가능한 증거에 기초하여 우리가 당신을 믿을 것을 기대하신다는 점을 설명하고 있다. 그분은 우리에게 지성적이고 논리적인 이성을 주셨다. 그분은 "자연이나 우주, 너 자신을 보라. 그러면 창조주가 있다는 분명한 증거를 얻을 것이다."라고 말씀하신다. 창조주께서 손수 만드신 걸작품들은 피조물을 향하신 그분의 세심한 배려와 돌보심을 상기시키기에 충분하다.

"영원하신 능력"은 우리가 쉽게 이해할 수 있는 말이 아니다. 빌 하이벨스는 이렇게 설명한다.

> 하나님은 모든 것을 아신다. 어떤 질문도 그분을 당황스럽게 하지 못한다……하나님의 지식은 오늘날의 여러 사건에 국한되는 것이 아니다. 그분은 생물학, 생리학, 동물학, 화학, 심리학, 지리학, 물리학, 의학, 유전학의 신비 모두를 온전히 아신다. 그분은 해, 달, 구름의 생성 원인과 진로는 물론이고 천체의 법칙도 아신다.[5]

이것은 '무한' 개념이다. 더욱이 하나님은 우리 개인의 삶의 모든 국면에 대한 큰 그림도 알고 계신다.

큰 그림 보기

이 사실은 어떻게 우리가 하나님의 시각으로 '큰 그림'을 볼 수 있을지에 대한 몇 가지 답을 탐구하도록 독려한다. 왜 우리는 여기 있을까? 왜 우리 가족과 함께 이곳에서 살고 있을까? 매일 어떤 선택을 하며 무슨 일을 하는지가 중요할까? 왜 다른 나라가 아닌 이 나라에 태어났을까? 이생을 떠나면 어떻게 될까?

'존재 이유'에 관한 책들은 엄청 많다. 그것은 새로운 질문이 아니다. 우리 모두가 이따금 묻는 질문이다. 베스트셀러『시간의 역사』A

*Brief History of Time*에서, 스티븐 호킹은 자신의 평생에 걸친 탐구와 사유를 단 한 가지 질문으로 요약한다. 우주란 '무엇'이며 또 그것을 '어떻게' 탐구하는지 결론을 내린 후, 그는 "이제 우리가 우주의 존재 이유를 알기만 하면, 우리는 하나님의 마음을 지닐 것이다."[6]라고 말했다.

이런 질문을 유발하는 것은 과연 무엇일까? 개인적 탐구 의지일까, 공허감이나 상실감일까? 한 여배우는, 자신의 탐구를 유발하는 것은 '영혼의 구멍'이라고 적절히 묘사했다. 우리를 위해 성경에 묘사된 하나님의 그림의 본질은 우리에게 답을 제시하는 것이다. 우리는 어둠 속에 머물 필요가 없다. 하나님이 답을 알려주길 원하신다는 사실에 대한 증거는 많다.

C. S. 루이스는 설명한다. "우리가 끈을 상자 묶는 데 사용하려 할 경우 그것이 강하고 튼튼하다고 믿는다는 말을 쉽게 할 수 있다. 그러나 당신이 그 끈으로 절벽에 매달려야 한다고 가정해보라. 그러면 당신은 먼저 그 끈이 얼마나 믿을 만한지 진정 알고 싶을 것이다."[7]

믿지 않으려 하는 것

우리의 이해력은 '도덕'이라는 연막에 의해 방해받을 수 있다. 그것은 하나님의 이지적 계시를 가리고 우리의 이해력을 떨어지게 한다. 그것은 집요하고 탐욕스러우며 도무지 사라질 기미를 보이지 않을 수도 있다. 어떤 경우, 사람들의 진짜 문제는 '믿을 수 없는' 것이 아니라 '믿지 않으려 하는' 것이다. 예수님은 당시 율법적 종교 지도자인 바리새인들에게 말씀하실 때 이 점이 문제의 뿌리임을 직설적으로 지적하셨다. "너희가 영생을 얻기 위하여 내게 오기를 원하지 아니하는도다." 요한복음 5:40. 또한 그분은 도덕적 행동이 분별력을 일깨운다고 말씀하셨다. 심지어 지적 장애를 제거하기도 한다. "사람이 하나님의 뜻을 행하려 하면 이 교훈이 하나님께로서 왔는지 내가 스스로 말함인지 알리라" 요한복음 7:17.

반대로 지적 문제들이 도덕적 반역을 가리는 연막 역할을 하는 경우도 종종 있다. 시인 에밀리 디킨슨은 "한 순간에 실패하는 사람은 없다. 미끄러진 후에야 비로소 충돌 사고가 뒤따른다."라고 말한다.

또 어떤 사람은, "기독교가 합리적이며 참되다면, 학식 있는 자들 대부분이 그것을 믿지 않는 이유가 무엇인가?"라는 의문을 제기했다. 그 대답은 간단하다. 그들이 기독교를 믿지 않는 이유는 학식 없는 자들 중 대부분이 기독교를 믿지 않는 이유와 동일하다. 믿고 싶어하지 않는 것이다. 그것은 지력의 문제가 아니다. 왜냐하면 예술과 과학 모든 분야마다 두각을 나타내는 그리스도인이 있기 때문이다. 믿음은 궁극적으로 의지의 문제이다. 하나님은 피조물을 통해 믿음을 위한 증거를 제시해 주셨다.

한번은 한 학생이 내 덕분에 모든 의문이 풀렸다고 했다. 내가 물었다.

"자네는 그리스도인이 될 생각인가?"

"아니오."

> 도덕이 '감정에서 유래'했을 뿐이라면, 누가 규범을 만들겠는가? 기독교가 '감정에서 유래'했을 뿐이라면, 그것은 사람을 터무니없는 방향으로 이끌 것이다. 믿음은 생각과 마음 모두를 수반한다.

당황한 내가 "왜 아니지?" 하고 물었다.

"솔직히 내 삶의 방식이 혼란스러워질 것 같아서요."

그는 자신의 문제가 지적인 것이 아니라 도덕적인 것임을 시인했다.

존 스토트는 기독교에 관한 이야기를 어떻게 설명할 것인지 다음과 같이 요약했다. "우리는 사람의 지적 교만에 영합하지는 않되, 지적 성실성은 만족시켜야 한다."

의심은 두려움을 야기한다

독실한 그리스도인도 때로는 자신의 믿음에 의문을 제기하며 과연 사실일까 하고 생각한다. 의심은 두려움을 유발할 수 있으며, 불건전한 방법으로 억제될 수도 있다. 기독교 가정에서 성장한 이들은 자신의 어릴 적 경험들의 진정성에 대해 쉽게 의문을 가질 수 있다. 어릴 때부터 그들은 부모나 친구, 목사에 대한 신뢰심만을 가지고 기독교의 사실들을 받아들여 왔다. 학습 과정이 진전되면서, 그들은 전에 배웠던 내용을 얼마만큼 자신의 것으로 만들었는지 재점검하게 된다.

그 경험은 건전하며 신앙을 튼튼하고 진실하게 하기 위해 꼭 필요하다. 그것은 두려워하거나 충격 받을 일이 전혀 아니다. 새로운 지역을 여행할 때 나는 생경한 거리와 사람들을 보면서, "폴 리틀, 네가 세뇌교육을 당하지 않았다고 어떻게 장담하겠니? 결국 넌 하나님을 볼 수도, 만질 수도, 감지할 수도 없어."라고 혼잣말을 한다. 그러고 나서 성경에 기록된 하나님과 예수 그리스도에 관한 내용의 진실을 어떻게 확신하는지 자문한다. 나는 항상 두 가지 기본적 요소들을 되짚어 본다.

- 부활의 객관적, 외면적, 역사적 사실들
- 심각한 수술이나 직업상의 힘든 결정을 하면서 겪었던, 예수 그리스도에 관한 주관적, 내면적, 개인적 경험

나이가 적든 많든 어떤 사람이 의문을 갖기 시작하고 하나님이 멀리 계신 듯할 때, 우리는 이 현상을 의심을 성장으로 이끄는 한 방편으로 환영해야 한다. 자유롭게 의심을 표하며 그 짐을 내려놓을 수 있는 분위기를 조성하는 솔직함과 개방성이 그 사람의 신앙 성장에 도움을 준다.

그렇지 못할 경우, 마음 문이 닫힐 수 있다. 신실한 그리스도인에게 의심이란 있을 수 없다는 말을 들을 경우에는 특히 그러하다. 의문을 표한 사람은 심한 비판을 받는 느낌일 것이다. 그는 우둔하지 않다. 서글프게도, 어떤 의문을 표했던 사람이 따가운 눈총을 의식하여 잽싸게 말을 바꾸고 순순히 따라가는 '척하는' 경우를 나는 여러 차례 보았다. 하지만 그들이 진심으로 그러는 것은 아니다. 압박감에서 벗어나면 그들은 마치 비옷을 벗듯 믿음을 내팽개친다. 이는 그 믿음이 자신의 것이 아니기 때문이다.

의심과 질문은 어떤 사람에게나 정상적이다. 질문한 사람에게 놀라움을 표하는 대신, 가능한 한 귀를 기울이며, 나아가 그 질문이 더욱 예리해지도록 유도하라. 그러면 적절한 대답이 떠오를 수 있다. 우

리는 서슴없이 문제들을 토론할 수 있어야 한다. 왜냐하면 기독교는 진리이신 주님을 토대로 하며, 면밀한 탐구를 두려워하지 않기 때문이다.

당황하지 말라

어떤 질문에 곧바로 대답하지 못할 때, 당황할 필요없다. 탐구를 계속하고, 질문을 구체화하며, 해결될 수 없을 것 같은 물음을 상세히 다룬 서적들을 찾아볼 수 있다. 지난주 갑자기 누군가 기독교를 붕괴시킬 만한 질문을 생각해냈을리는 없다. 뛰어난 지성인들이 모든 시대의 심원한 질문들을 면밀히 조사하여 답을 제시해 왔다.

모든 질문에 온전히 답할 수는 없다. 우리는 하나님이 아니다. 그분은 모든 질문에 대한 당신의 생각을 우리에게 온전히 계시하지는 않으셨다. "오묘한 일은 우리 하나님 여호와께 속하였거니와 나타난 일은 영구히 우리와 우리 자손에게 속하였나니" 신명기 29:29. 그러나 단념할 필요는 없다. 하나님은 신앙과 삶의 굳건한 기초가 되기에 충분할 정도의 정보 그 이상을 우리에게 주신다. 기독교는 합리적 믿음을 기초로 한다.

엄청난 증거들을 점검해야 한다는 생각에 압도될 때, 당황하지 말라. 대학교에서 강연할 때 청중의 98%가 불가지론자일 수도 있

> **인간에게 하나님에 대한 신앙이 필요할까?**
> - 자동차가 탄산수로 달릴 수 있을까?
> - 나무에 뿌리가 필요할까?
> - 영혼이 공허함을 느끼는가?

다. 하지만 약간의 강연 경험만 쌓여도, 30분간의 질문 시간에 제기되는 질문은 대체로 예측 가능하다. 그 질문들은 표현만 다를 뿐 기초적 내용에 있어서는 동일하다. 이 같은 일관성은 핵심 질문을 알아내며 나 자신의 지식을 다듬는 데 있어, 본서의 내용을 구성하는 데 있어 큰 도움이 되었다.

의심하는 자의 반응

의심하는 사람은 자신을 번거롭게 하는 문제에 대해 곰곰이 생각한다. 그 문제들에 대한 답을 듣고 난 후에는 결단이 뒤따라야 한다. 결단을 내리지 않는다는 것은 기독교적 입장에 반대함을 뜻한다. 적절한 정보를 접하고 계속 의심하는 것은 포기를 뜻한다기보다는 탐구를 계속함을 뜻한다.

"기독교는 특정인의 독점물이 아니다. 그것은 사실과 우주의 실재에 대해 알려준다. 기독교가 거짓이라면, 정직한 사람은 믿고 싶지 않을 것이다. 그러나 기독교가 진실하다면, 정직한 사람은 믿고 싶을 것이다……기독교는 당신이 예상했던 것보다 훨씬 더 많은 유익을 줄 것이다."[8]

진실한 탐구에 따른 보상을 확신할 수 있다. 다음 장들에서는 흔히 제기되는 질문에 대한 답을 제시할 것이다. 당신은 믿을 수 있다. 왜냐하면 기독교는 참되고 합리적이기 때문이다. 예수께서 이렇게 말씀하셨다. "도적이 오는 것은 도적질하고 죽이고 멸망시키려는 것뿐이요 내가 온 것은 양으로 생명을 얻게 하고 더 풍성히 얻게 하려는 것이라" 요한복음 10:10.

■ 보다 깊은 고찰을 위한 추천 도서

Clark, Kelly James. *Philosophers Who Believe*. Downers Grove, Ill.: InterVarsity Press, 1993.『기독교 철학자들의 고백』, 2006년, 살림출판사

Johnson, Phillip E. *Reason in the Balance*. Downers Grove, Ill.: InterVarsity Press, 1995.『위기에 처한 이성:자연주의 세계관에 대한 비판과 분석』, 2000년, 한국기독학생회 출판부

_____. *Objections Sustained*. Downers Grove, Ill.: InterVarsity Press, 1998.

스 | 터 | 디 | 가 | 이 | 드

1. 수 세기 전에는 하나님을 믿는 신앙이 도전에 직면하는 경우가 드물었다. 교회는 그리스도와의 개인적 관계를 개발하도록 사람들을 격려할 필요가 거의 없었다. 심지어 교회는 성경이 대중적으로 사용되지 못하도록 금하기까지 했다. 오늘날 사회는 종종 신앙을 과거의 유물로 간주한다. 하지만 그리스도인은 그리스도를 향한 개인적 신앙을 개발하도록 도와줄 자료들을 그 어느 때보다 많이 접할 수 있다. 수많은 성경책, 수많은 교회, 수많은 기독교 라디오 방송과 TV 방송이 있다. 당신은 오늘날 그리스도와의 진실하고 성숙한 관계를 맺는 것이 수 세기 전에 비해 더 쉽다고 보는가, 더 어렵다고 보는가? 그 이유는?

2. 신앙이 세상의 도전에 직면해 있다고 느끼는 것은 구체적으로 어떤 면에서인가?

3. 베드로전서 3:15은, "너희 속에 있는 소망에 관한 이유를 묻는 자에게는 대답할 것을 항상 예비하되 온유와 두려움으로" 하라고 명한다. 성경이 이렇게 지시하는 이유는 무엇일까?

4. 신앙이란 '사실이 아닌 어떤 것을 믿는 것'이라고 보는 비신자의 그릇된 개념에 대항함에 있어, 베드로전서 3:15은 어떤 도움을 주는가?

5. "지적 문제가 도덕적 반역을 가리는 연막 역할을 하는 경우가 종종 있다." 이 말에 동의하는가? 그 이유는?

6. 모든 회의론자를 가리켜, 비도덕적 연막을 피우는 자들이라는 범주 속에 한꺼번에 포함시키기는 쉬운 일이다. 따라서 존 스토트는 "우리는 인간의 지적 교만에 영합하지 않되 지적 성실성을 만족시켜야 한다."고 말한다. 회의론자들을 올바르게 대함에 있어 이 당부를 통해 얻을 수 있는 도움은 어떤 것인가?

7. 자녀를 학대하는 아버지나 감정의 상처 같은 다른 요인들이 신앙에 어떤 영향을 주는가?

8. 당신의 친교 모임에서는 의심하는 그리스도인이나 회의론자들에게 대체로 어떻게 대처하는가?

9. 다른 사람들의 의심, 특히 얼마 동안 신앙을 고백해 왔던 그리스도인의 의심에 대해 당신은 어떻게 생각하는가?

10. 당신이 다니는 교회에는 '의심하는 자들'이 편안한 마음으로 자신의 고민을 토론할 수 있는 모임이 있는가? 또한 그런 모임의 필요성을 인식한다면, 당신이 할 수 있는 일은 무엇일까?

11. 진정 그리스도를 의지하고 싶지만 여전히 신앙의 문제를 풀지 못하고 있는 사람을 생각해 보라. 그 원인은 어떤 것일까? 어떻게 그를 도울 수 있겠는가?

12. 우리 안에 있는 소망을 묻는 자들에게 답변을 준비하라는 베드로의 권면은 명심하고 따를 만한 가치가 있다. 본서를 읽으며 나름대로 답변을 작성해 보라.

오 | 늘 | 의 | 한 | 마 | 디

하나님의 사랑은 당신이 생각하는 것 그 이상이다.

Know
Why
You Believe

chapter **2**

하나님은 존재하는가

하나님은 존재하는가

인생에게 있어 이보다 더 심오한 질문도 없을 것이다. '하나님은 존재하는가?'는 생각이 깊은 사람이라면 누구나 한번쯤 직면해 보았을 물음이며, 이 물음에 대한 답은 각자의 삶에 광범위하게 영향을 미친다.

달라스에 살았을 때, 한 세일즈맨에게서 54권짜리 전집 『서구 세계 대전』 *Great Books of the Western World*을 구입했다. 102가지 큰 주제들 중 나는 29번째 '하나님'부터 읽기 시작했다. 편집자 모티머 애들러는 이런 설명으로 글을 시작한다.

"그 내용의 다양성은 물론이고 양적으로 보더라도, 이것은 근본 개념을 다룬 내용 중에서 가장 긴 장이다. 그 이유는 명백하다. 하나님의 존재를 인정하느냐 그렇지 않느냐에 따른 결과는 다른 어떤 기본적인 물음들에 대한 대답에 따른 결과보다 더 크기 때문이다."

계속해서 애들러는 구체적으로 설명한다.

"사람이 자신을 최고의 존재로 여기는지 아니면 경외나 사랑의 대상인 초인간적인 어떤 존재를 인정하는지가 그의 삶 전체에 영향을 미친다. 신의 존재를 인정한다 하더라도, 그 존재를 단순히 하나님이라는 개념, 즉 철학적 사색의 대상으로만 이해하는지 아니면 종교 의식을 포함한 갖가지 경건한 행위들로 경배하는 살아계신 하나님으로 이해하는지가 매우 중요하다."[1]

시험관 속에 계신 하나님?

우리는 시험관 속에서 하나님을 관찰하거나 과학적 방법으로 그분의 살아계심을 입증할 수 없다. 과학적 방법으로 나폴레옹의 존재를 증명할 수 없다는 것도 분명한 사실이다. 그 이유는 역사 자체의 특성과 과학적 방법의 한계 때문이다.

어떤 것을 과학적으로 입증하려면, 그것이 반복되어야 한다. 과학자는 한 번 경험한 것에 근거하여 새로운 발견을 세상에 공표하지 않는다. 그 누구도 천지 창조를 재실행시키거나 나폴레옹을 되살리거나, 링컨 암살이나 예수 그리스도의 십자가 처형을 반복하게 하지 못한다. 하지만 이 사건들이 반복에 의해 입증될 수 없다는 사실이 그 실재를 반박하는 증거가 되지는 않는다.

과학적 방법을 통한 검증의 범위 밖에 있는 실재들은 많다. 과학적 방법은 측정 가능한 물질적인 것들에 대해서만 사용될 수 있다. 사랑의 길이나 공의의 무게를 측정할 수 있는 사람이 아무도 없다고 해서 그 실재를 부정하는 사람은 어리석다. 하나님을 과학적 방법으로 입증해야 한다는 주장은 마치 전화기로 방사능을 측정해야 한다는 주장과 같다.

마음속의 영원

하나님을 증거하는 것은 무엇인가? 인류학적 연구에 따르면 오늘날 모든 지역의 사람들 속에 하나님을 향한 보편적 믿음이 존재한다고 한다. 전 세계 민족의 초기 역사와 설화에는 '유일하신' 창조주 하나님에 관한 개념이 들어 있다. 심지어 오늘날의 다신론 사회에도 이 유일신 개념이 깃들어 있다. 이 미지의 신에 여러 가지 개념이 덧붙여졌음에도 불구하고, 한 분 하나님에 관한 개념은 존속되어 왔다.

지난 반세기 동안 많은 과학자가 종교 발전의 진화 개념에 대해 연구해 왔다. 유일신론은 다신론적 개념에서 시작하여 점진적으로 발전되었다. 세계 도처의 가장 오래된 전승들이 지고하신 한 분 하나님에 관한 내용이라는 사실이 점점 더 분명해지고 있다.[2] 전도서 기자는 하나님이 사람에게 "영원을 사모하는 마음을" 주셨다고 했다3:11.

17세기 위대한 수학자 파스칼은 사람의 마음속에 있는 "하나님이 만드신 공허"에 대해 이야기했다. 어거스틴은 "사람의 마음은 주님 안에서 쉼을 얻기 전까지는 불안하다."고 결론지었다.

시대와 장소를 불문하고 대다수의 사람들은 신을 믿어왔다. 이 사실이 결정적 증거는 아니지만, 하나님의 존재에 관한 큰 물음에 답하려 할 때 우선 고려해야 할 사항인 것은 분명하다.

인과 법칙

인과 법칙에 대해 생각해 보자. 원인이 없으면 결과도 없다. 문에 메모지가 붙어 있다면, 누군가 붙여둔 것이 분명하다. 벽에 그려진 그림은 누군가 그린 것이다. 인생들과 우주 그 자체도 어떤 원인으로 인한 결과이다. 하나님은 자존하는 원인이시다.

저명한 회의론자 버트란트 러셀은 『나는 왜 기독교인이 아닌가』라는 책에서 놀라운 말을 한다. 그는 어린 시절, 존재에 관한 여러 물음에 대한 답으로 하나님을 생각하게 되었다고 한다. 그러나 "하나님을 만든 사람은 누구인가?"라는 물음에 대한 답은 도무지 찾을 수 없었다. 그 때문에 그의 믿음이 모조리 깨어지고 말았다고 한다. 그런 물음은 누구에게나 흔한 것이지만, 안타깝게도 그의 경우에는 불행한 결과를 낳았다.

창조주요 모든 것의 시작이신 하나님은 영원하시다. 그분은 피조되지 않으시며 스스로 존재하신다. 하나님이 피조되었다면 그분은 원인이 아니라 결과일 것이다. 그런 존재는 하나님이 되지 않을 것이며 될 수도 없다.

R. C. 스프룰은 이렇게 설명한다. "하나님은 영원하시므로 결과가 아니시다. 그분은 결과가 아

> 기본적 물음은 하나님의 존재 여부가 아니라 하나님의 선하심 여부에 관한 것이다!

니시기 때문에 원인을 필요로 하지 않으신다. 그분은 영원하시다. 영원하고 자존하시는 존재와 자기 창조를 통해 자신에게 원인이 되는 결과적 존재 간의 차이점을 분간하는 것이 중요하다."[3]

무한한 시간과 우연

지적 설계자의 개입 없이 컴퓨터가 생겨날 수 있다고 생각하는 사람은 아무도 없을 것이다. 인쇄소의 원숭이가 링컨의 게티즈버그 연설을 타이프했을 수는 없다. 그 연설의 사본을 보면, 우리는 당연히 어떤 사람이 그것을 인쇄했을 것이라고 생각한다. 그렇다면 무한한 복잡성을 띤 우주가 우연히 생겨났을 것이라고 믿기는 훨씬 더 어렵다.

예를 들어, 인체는 놀랍도록 복잡한 유기체이며 디자인과 효용 면에서도 경탄스럽기 그지없다. 이 사실에 큰 감명을 받은 아인슈타인은 이렇게 결론지었다.

"나의 종교는 우리의 미흡한 이성으로 감지할 수 있을 만큼 스스로를 계시하시는, 보다 차원 높은 지성을 지니신 영에 대한 겸허한 감탄으로 표현된다. 불가해한 우주 속에 계시된, 상위 사유 능력을 가진 존재에 대한 그처럼 깊은 감정적 확신이 나의 하나님 개념을 형성한다."[4] 알려진 바에 의하면, 그는 인격적인 하나님을 믿는 신앙으로까지 나아가지는 못했다.

그리스도인이든 비그리스도인이든 누구나 기본적으로 선택해야 할 사항이 있다. 우주와 인류의 시작은 우연에 의한 것인가, 목적과 계획에 따른 것인가?

오래도록 과학자들은 생명의 기원을 설명하기 위해 '무한한 시간과 우연'이라는 개념에 의존해 왔다. 이 개념은 신적 원인을 거부한다. 그러나 생명의 생성과 진화 과정 자체가 특정한 전제와 조건을 필요로 한다.

- 이상적으로 준비된 원생액(지구상에 생명을 발생시킨 유기물의 혼합액)
- 잦은 충전
- 무한한 시간

이런 조건 속에서는 생명체가 진화할 것이다. 그러나 이 이론의 난점이 너무 심해서 오늘날 학자들도 이 이론의 연약성을 노골적으로 지적하고 있다.

유명한 천문학자 프렛 호일은 이 난점들을 예시하는 비유를 제시했다. 그는 "눈을 가린 사람이 루빅 큐브(정육면체의 색 맞추기 퍼즐)를 맞추려면 얼마나 많은 시간이 필요할까?" 하고 묻는다. 그 사람이 쉬지 않고 1초에 한 번씩 움직일 경우 놀랍게도 1조 3천 5백억 년이 걸릴 것이라고 호일은 말한다. 따라서 진화의 과정을 통해 생명체가 탄생할 가능성은 없다는 것이다.

호일은 살아있는 한 세포 속에 든 약 20만 개 아미노산 고리들 중 단 하나가 우연히 형성되는 것도 그만큼 힘들 것이라고 한다. 인간 세포 하나에 필요한 20만 개 아미노산들을 모두 갖추는 데

> 영원하신 하나님은 시간을 초월해 계시지만, 우리는 그분을 알 수 있다. 휴 로스

걸리는 시간을 산정해보면, 그것은 지구 나이(46억년으로 추산했을 경우)의 293.5배 가량에 해당한다. 눈을 가린 사람이 루빅 큐브를 맞추는 일보다 훨씬 더 힘든 것이다.

호일은 또 다른 비유를 제시한다. "747여객기의 모든 부품을 비축하고 있는 고물수집장에 토네이도가 불어닥쳐서 우연히 그것들을 비행기 형태로 조립하여 이륙할 준비를 갖추게 할 가능성은 어느 정도일까?" 호일은 이렇게 대답한다. "그 가능성은 온 우주를 채울 정도의 엄청난 고물들을 날려버릴 수 있는 토네이도가 일어난다고 해도 무시될 정도로 극미하다!"

『지적 설계자가 창조한 우주』*The Intelligent Universe*라는 책에서, 호일은 이렇게 결론짓는다. "생화학자들이 생명체의 놀라운 복합성에 대해 점점 더 많이 밝혀냄에 따라, 그것이 우연히 생길 가능성은 완전히 배제될 정도로 미미해졌다. 생명은 우연히 생길 수 없다."[5]

우주의 질서와 디자인

우연의 반대 개념으로서의 계획에 대해 말할 때, 우리는 가장 작은 중성자와 양성자로부터 광대한 은하에 이르기까지 관측될 수 있는 모든 것을 염두에 둔다. 이 모든 것을 구성하기 위한 정보와 설계도를 처음에 제공한 존재는 누구(또는 무엇)인가? 계획이란 바로 이 정보를 뜻한다. 이는 유리, 금속, 광물질 등을 사용하여 TV를 만드는 종합 계획에 비유될 수 있다. "자연 도태"나 스스로의 결합에 의해 TV가 만들어졌다고 생각하는 사람은 아무도 없을 것이다. 사실 "자연 도태"라는 표현은 하나의 상표가 될 수 있겠지만 제품 제조 과정에 대한 설명은 아니다. 이 부품들은 유익한 용도를 위해 스스로 결합했을 리 없다. 누군가 그 부품들을 가지고 TV를 만들 수 있는 정보를 지니고 있었을 것이다.

마찬가지로 우주의 물리적 체계는 누군가 각 부분들로써 이 세상을 만들기 위한 프로그램을 가동시켰다는 사실을 분명하게 증거한다. 로버트 갠지 박사는 이를 '의도적으로' 계획된 것으로 보는 것이 타당하다고 주장한다. 생명체들이 소립자들의 물리적 특성에 의해 생겼다고 주장하려면, 다음 질문들에 대답할 수 있어야 한다.

- 이 소립자들은 어떻게 생겨났나?
- 각 전자는 왜 정확히 정해진 양의 전하를 지니는가?
- 중력 상수를 누가 또는 무엇이 정했는가?
- 빛이 일정한 속도로 움직이는 이유는?[6]

의도적인 계획을 시사하는 사례들은 이외에도 무수히 많다. L. J. 헨더슨 박사는 의도성을 시사하는 물의 특성을 몇 가지 소개한다.

물의 비열은 높다. 따라서 인체 내의 화학적 반응들이 안정적으로 유지된다. 물의 비열이 낮다면 우리는 약간만 움직여도 끓어오를 것이다. 용해 온도가 섭씨 10도 올라가면 반응 속도가 두 배 빨라질 것이다. 물의 이 같은 특성이 없다면, 생활이 거의 불가능할 것이다.

엘니뇨를 통해 배우듯이, 대양은 세계의 온도조절장치이다. 물이 액체 상태로부터 얼음으로 변하려면 많은 열을 잃어야 하며, 물이 증기로 변하려면 엄청난 에너지가 요구된다. 따라서 대양은 태양의 열기와 살을 에는 겨울 추위에 대해 완충 역할을 한다. 지표면의 온도가 대양의 조절 작용에 의해 일정한 범위를 유지하지 않는다면, 생명체는 너무 뜨거워지거나 얼어서 죽을 것이다.

물은 광범위한 용매이다. 물은 산과 염기와 소금을 녹인다. 화학적으로 물은 비교적 비활성적이며 자체의 성질은 변화되지 않고 반응을 위한 매체 역할을 충실히 한다. 인간의 혈액 속에서 물은 용액 상태로 64개 이상의 물질들을 담고 있다……다른 용매였다면 찌꺼기 투성이를 만들었을 것이다. 물의 특성이 없다면, 생명체는 존재할 수 없다.[7]

지구 자체도 누군가의 세심한 디자인을 보여주는 증거이다. "지구의 크기가 지금보다 훨씬 더 작다면, 수성이나 달에서처럼 지금과 같은 대기 상태는 불가능할 것이다. 훨씬 더 크다면, 목성과 토성에서처럼 대기에는 수소만 가득할 것이다. 지구와 태양 사이의 거리는 매우 정확히 유지된다. 이 거리가 조금만 바뀌어도 지구의 온도는 너무 뜨겁거나 너무 찰 것이다. 대륙과 바다를 나눠지게 하는 달은 태양계에서 유일하며, 비교적 작은 다른 위성들과는 전혀 다른 방식으로 만들어진 것 같다. 지축의 경사로 인해 사계절이 생긴다.[8]

동일하게 놀라운 디자인 사례들은 사람을 포함한 생명체 속에서 발견된다. 지구상에는 대략 1,100만 종의 생명체가 존재하며, 이들 각자가 살아있는 기적이다. 이들은 소립자 차원에서 보면 놀라울 정도로 복잡하게 얽히고 설킨 구성의 결과이다. 인간의 눈을 생각해 보라. 영국의 신학자 윌리엄 팔리는 이렇게 지적했다. "수정체와 망막과 뇌가 효과적으로 연결되고 함께 작용하여 시각을 갖게 만든다. 이는 전지하신 창조주의 디자인을 보여주는 결정적 증거이다. 다시 말해서, 유기체들의 기능적 디자인과 형태는 위대한 설계자의 존재를 증거한다."[9]

심지어 다윈 자신도 『종의 기원』에 기록된 "이론상의 난점들"이라는 제목의 한 장에서 이렇게 진술한다. "눈이 함께 작용하는 다른 여러 부분들과 더불어 자연도태에 의해 형성되었다고 보는 것은, 솔직히 고백하건대, 너무나 어처구니없는 생각이다." 하버드의 진화론자 리처드 르원틴은 "유기체들이 주의 깊게, 인위적으로 설계된 것으로 보인다."며, 유기체들의 완벽성을 가리켜 "지고하신 설계자의 존재를 뒷받침하는 주요 증거"라고 일컫는다.[10]

우주의 시작

우리는 우주의 디자인은 물론이고 우주의 시작에 대한 암시도 엿볼 수 있다. 이에 대해 성경은 이렇게 묘사한다. "주께서 옛적에 땅의 기초를 두셨사오며 하늘도 주의 손으로 지으신 바니이다" 시편 102:25.

과학자들은 시간에 시작과 끝이 있다는 개념을 회피한다. 왜냐하면 그것은 신적 개입을 시사하기 때문이다. 지금까지 여러 대안 이론들이 주장되어 왔다.

• 그중 하나는 "부단한 창조/일정 상태" 우주 모델이다. 이것은 1948년 헤르만 본디와 프렛 호일, 톰 골드가 제시한 이론이다. 제임스 브룩스는 이 모델을 다음과 같이 묘사했다. "일정 상태 모델론에 의하면, 은하들이 서로로부터 멀어지면, 부단히 창조되고 있는 물질로부터 새로운 은하들이 그 사이에 생겨난다. 따라서 우주는 언제나 동일하게 보이며, 그 농도는 일정할 것이다. 이 이론에 의하면, 수소 형태인 물질은 언제나 무無로부터 창조되고 있으며, 은하들의 간격이 멀어짐에 따른 물질 희석 현상을 막기 위해 계속 생겨난다."[11] 따라서 그는 우주가 시작도 끝도 없고 영원하다는 결론을 내린다.

나사의 '우주 연구소'Institute for Space Studies의 창설자 로버트 재스트로우는 정반대 견해를 주장한다. 별이 탄생하는 순간, 그것은 우주 속의 수소를 소모하기 시작하며, 오늘날 우주 속에서는 수소와 중금속들이 지속적으로 희박해져 간다.[12]

• 우주의 기원에 관한 두 번째 설명은 "진자 모델"이다. 이 설명에 의하면, 우주는 용수철과 같으며 팽창과 수축을 무한히 반복한다. 이 이론의 기초는 우주가 "닫혀 있다"는 것이다. 다시 말해서, 우주 속에 새로운 에너지가 전혀 들어오지 않는다는 것이다. 물질의 팽창은 특정 지점까지만 진행될 것이며, 다시 팽창하기 전에 중력이 모든 것을 끌어당길 것이다. 하지만 이 입장을 반박하는 증거들은 많다. 우주는 점차 밀도를 잃고 있으며, 팽창과 수축의 끝없는 반복을 보여주는 증거는 없다. 따라서 우주는 닫혀 있지 않다.

윌리엄 L. 크레이그는 이 두 가지 모델에 대한 자신의 결론을 제시한다. "우주에 관한 일정 상태 모델과 진자 모델은 실측적 우주론의 사실들과 부합하지 않는다. 그러므로 우리는 우주가 어떤 시점에 존재하기 시작했다는 결론에 다시 이르게 된다."[13]

● 우주의 기원에 관한 세 번째 견해는 "빅뱅" 이론이다. 에드윈 허블 박사는 은하들의 속도를 좌표로 표시했고, 모든 은하들이 엄청난 속도로 우리로부터, 서로로부터 멀어져 가고 있다고 주장했다. 또한 그는 어떤 은하가 멀어질수록 더 빨리 움직인다는 법칙을 제시했다.

이 이론은 어느 시점에 모든 물질이 무한대의 온도인 한 점과 같은 상태였음을 시사한다. 이 같은 현상을 관찰한 과학자들은, 우주가 빅뱅이 일어난 직후의 순간에는 희고 뜨거운 불덩이와 비슷했을 것이라는 이론을 제시했다.

1945년 두 명의 물리학자가 지구 전체가 희미한 광선에 휩싸이는 놀라운 현상을 발견한 후 이 이론이 확실시되었다. 그 광선의 파동은 거대한 폭발에서 생기는 것과 똑같은 파장 형태였다. 그 후 과학자들은 이 광선 파동이 빅뱅의 여파라는 설명보다 더 명확한 이론은 있을 수 없음을 거듭 확신해 왔다.

빅뱅 이전

종교 문제에 있어 자신이 불가지론자라는 로버트 재스트로우 박사는 빅뱅 이론에 관해 다음과 같이 설명한다.

천문학적 증거가 어떻게 세상의 기원에 관한 성경적 견해를 이끄는지 알아보자. 천문학적 설명과 창세기에 기록된 성경적 설명이 세부적으로는 다르지만 본질적 요소들에 있어서는 동일하다. 우주와 인간의 창조 과정은 특정 순간에 갑작스럽게 시작된 것이다.
전통적으로 과학자들은 설명할 수 없는 자연 현상에 대해서는, 시간과 연구비의 지원이 보장된다고 하더라도 생각하지 않으려 했다. 과학에도 일종의 종교적 신념이 들어 있다. 모든 사건은 이전의 어떤 사건의 산물로서 합리적 방법으로 설명될 수 있다는 것이다. 모든 결과에는 원인이 있어야 한다. 과학은 우주가 특정 순간의 폭발을 통해 존재하게 되었음을 입증해 왔다. 과학은, "어떤 원인이 이런 결과를 낳았을까? 누가 또는 무엇이 물질과 에너지를 우주 속에 가져왔을까?" 하고 묻는다. 하지만 과학은 이 물음에 답하지 못한다.

재스트로우는 다음과 같은 의미심장한 진술로 결론짓는다.

이성의 힘을 믿는 믿음으로 살아 온 과학자로서는, 그 모든 노력이 흉몽처럼 끝나고 만다. 그는 무지의 산들을 등정해 왔다. 이제 막 정상을 정복하려는 참이다. 마지막 바위 위로 올라설 때, 수백 년 동안 그곳에 앉아 있었던 일군의 신학자들이 그를 반긴다.[14]

이것은 참으로 이상한 결말이다. 신학자들 외에는 누구도 그런 결과를 예견하지 못한다. 신학자들은 늘 성경 말씀을 받아들여 왔다. 태초에 하나님이 천지를 창조하셨다.

그 신학자들 중 한 명인 다윗은, "하늘이 하나님의 영광을 선포하고 궁창이 그 손으로 하신 일을 나타내는도다."라고 갈파했다시편 19:1. 또한 사도 바울은 이렇게 기록했다. "하나님께서 이를 저희에게 보이셨느니라 창세로부터 그의 보이지 아니하는 것들 곧 그의 영원하신 능력과 신성이 그 만드신 만물에 분명히 보여 알게 되나니 그러므로 저희가 핑계치 못할지니라"로마서 1:19-20. 여기다 어거스틴은, "누가 이 신비를 이해하거나 다른 이들에게 설명할 수 있을까?" 하고 덧붙였다.

도덕적 논거

하나님의 존재를 뒷받침하는 또 다른 증거는, C. S. 루이스가 "우주의 의미에 대한 단서로서의 옳고 그름"이라고 말하는 것이다. 우리 각자의 내면에는 우리를 특정한 방식으로 행동하게 만들려는 어떤 영향이나 명령이 자리 잡고 있다. 루이스의 설명에 의하면, 사람은 누구나 나름대로 옳고 그름에 대해 생각한다. 사람은 서로 주장을 내세운다. "그건 내 의자예요. 내가 거기에 먼저 앉았어요. 입장 바꿔 생각해 봐요. 당신이라면 어떻게 하겠어요?" 학식이 있든 없든, 나이가 많든 적든, 사람들은 매일 이 같은 말을 한다.

이 논쟁들 속에는 상대방에게 받아들여지길 기대하는 어떤 행동 기준이 들어 있다. 각자의 행동에는 나름대로의 이유가 있다.

양편 모두 어떤 법칙이나 페어플레이 규칙 또는 도덕에 호소한다. "당신의 기준에는 관심없어요."라고 말하는 사람은 거의 없다. 어떤 기준이 있다는 사실에 대해서는 의문을 제기하지 않을 것이다. 루이스가 설명하듯이, '언쟁은 상대방의 잘못을 드러내려는 노력'이다.

이 법칙이나 규칙은 일이 어떻게 진행되어야 하는지에 관한 내용이다. 어떤 면에서 우리의 내면에 그런 것이 새겨져 있다. 이것은 문화적 규범이나 문화적 기준들에 국한된 것만은 아니다. 문명이 달라도 도덕적 예의범절 면에서는 일치하는 경우들이 허다하다. 또한 우리는 상대적으로 더 나은 도덕성을 평가함에 있어 같은 의견을 보인다. "도덕적 개념들 간에 아무런 차이도 없다면, 미개인의 도덕보다 문명화된 도덕을 또는 나찌의 도덕보다 기독교의 도덕을 더 좋아할 필요가 없을 것이다."[15]

루이스는 도덕법이 단지 사회적 관례에 불과할 수는 없다고 한다. 오히려 그것은 마치 수치표와 같다. 우리는 수치표를 가리켜, 원하는 대로 만들 수도 있는 사회적 관례라고 말하지 않는다. 문화의 차이에 상관없이, 2에다 2를 더하면 언제나 4이다. 따라서 도덕법이 있다면, 그 수여자도 존재해야 한다.

성경은 사람이 다른 모든 피조물들과 구분되는 존재로서 "하나님의 형상을 따라" 지음 받았다고 묘사한다. 이 도덕적 형상은 타고나는 혈통이나 민족에 상관없이 태어날 때부터 지니는 것이다. 애완동물은 결코 "이것이 옳은가, 그릇되는가?" 혹은 "이것이 좋은가, 나쁜가?" 하고 묻지 않는다. 그런 개념은 사람에게만 있다. 왜냐하면 사람에게는 도덕적 형상이 선택적 소프트웨어가 아니기 때문이다.

> 우리의 애완동물은 결코 "이것이 옳은가 아니면 그릇되는가?" 혹은 "이것이 좋은가 아니면 나쁜가?" 하고 묻지 않는다.

그렇다. 우주의 이면에는 누군가 계신다. 그분은 생각과 감정과 야심과 의지를 지닌 하나님이시다. 완벽한 인격체이시다. 그분이 우리를 지으실 때 이런 요소들을 주셨고, 그 속에는 도덕도 포함된다. 그분은 올바른 행실, 즉 페어플레이, 이타심, 용기, 선한 믿음, 정직, 성실에 관심이 많으시다.

하나님의 율법은 우리의 외부로부터 들어온 이질적인 것이 아니라 우리의 피조된 존재 구조 속에 새겨진 것이다. 옳고 그름에 대한 하나님의 생각을 반영하는 그 무엇이 우리 내면 깊은 곳에 자리 잡고 있다 로마서 2:15.

하나님 – 흥을 깨시는 분?

자연 속에 하나님의 존재를 시사하는 것들이 많지만 우리가 그분이 존재하시는지 혹은 어떤 분이신지 자연을 통해 확실하게 알지는 못한다. "네가 하나님의 오묘를 어찌 능히 측량"욥 11:7하겠느냐는 질문은 오래 전부터 제기되었다. 그 대답은 '측량할 수 없다'이다. 하나님이 스스로를 계시하지 않으시면, 우리는 혼란과 억측에 빠져들기 마련이다.

하나님의 존재를 믿는 사람들 중에도 그분이 어떤 분이신지에 대해서는 다양한 견해를 피력한다.

- 어떤 이들은 하나님이 천상에서 흥을 깨시는 분이라고 믿는다. 혹시 삶을 즐기는 사람이 있나 하고 하늘의 발코니에서 내려다보시며, 그런 사람을 찾으면 "당장 그만둬!"라고 소리치신다는 것이다.

- 하나님을 정에 약한 할아버지로 보는 이들도 있다. 온화한 표정으로 수염을 쓰다듬으면서, "애들이란 늘 그렇지 뭐." 하고 말씀하신다. 무슨 일을 하든 그분은 관대한 태도로 용납하신다는 것이다.

- 하나님을 거대한 불덩어리로 보는 이들도 있다. 이 견해에 의하면, 우리는 결국 그 불덩어리로 합쳐질 작은 불꽃들이다. 그런가 하면, 아인슈타인 같은 사람은 하나님을 비인격적 힘이나 지성으로 간주한다.

- 이신론자에게 있어, 하나님은 세상을 창조했지만 결코 거기에 개입하지 않으신다. 그분은 태엽을 감았고, 이제 그것이 풀리도록 놔두신다.

- 그러나 유신론자(인격신론자)에게 있어, 하나님은 창조주와 통치자이시다. 그분은 피조물에게 인격적으로 관여하시며 자신을 계시하신다.

한 세기 전 불가지론을 널리 보급했던 허버트 스펜서는, 그 어떤 새도 대기권 밖으로 날아가지 못했음을 지적했다. 이 비유를 통해 그는, 유한한 존재가 무한 속으로 들어가는 것은 불가능하다고 결론지었다. 하나님이 존재하시지만, 우리가 그분을 개인적으로 알거나 그분의 존재에 대해 무엇인가를 아는 것은 불가능하다는 것이다.

대기권 밖으로 날아간 새가 없다는 스펜서의 지적은 옳다. 하지만 그의 결론은 중요한 가능성을 간과했다. 무한한 창조주 하나님은 우리의 유한성 속으로 뚫고 들어오실 수 있다. 그분은 자신이 어떤 분이신지 우리에게 알려주실 수 있다. 물론 하나님은 그렇게 하셨다.

하나님이 유한한 세계 속에 들어오셨다

히브리서 기자는 이렇게 설명한다. "옛적에 선지자들로 여러 부분과 여러 모양으로 우리 조상들에게 말씀하신 하나님이 이 모든 날 마지막에 아들로 우리에게 말씀하셨으니 이 아들을 만유의 후사로 세우시고 또 저로 말미암아 모든 세계를 지으셨느니라" 히브리서 1:1-2.

하나님은 역사의 과정에서 주도권을 쥐시고 사람에게 자신을 계시하셨다. 그분의 가장 완벽한 계시는 예수 그리스도를 통해 인간 역사 속에 들어오신 것이다. 그분이 사람들 가운데 지내셨기 때문에, 우리는 그분을 인격체로서 이해할 수 있다.

당신이 개미를 향한 사랑을 알려주고 싶다면, 어떻게 하는 것이 가장 효과적일까? 개미가 되는 것이 최선일 것이다. 당신의 존재에 대해 온전히, 효과적으로 알려줄 수 있는 방법은 그것뿐이다. 하나님이 자신을 우리에게 분명히 알리기 위해 하신 일이 바로 그것이다.

J. B. 필립스가 적절히 표현했듯이, 우리는 '방문받은 행성'이다. 하나님이 계심을 어떻게 아는지에 대한 가장 확실한 대답은, 그분이 우리를 방문하셨다는 것이다. 우리가 논의하는 사항들은 단지 단서나 힌트일 뿐이다. 그것들을 결정적으로 확증하는 것은 바로 예수 그리스도의 탄생, 삶, 죽음, 부활이다.

변화된 삶들

하나님의 존재를 뒷받침하는 다른 증거는, 오늘날 많은 사람의 삶 속에서 엿볼 수 있는 그분의 임재이다. 예수 그리스도를 믿는 개인이나 공동체에서는 변화가 일어난다. 어니스트 고던은 이와 관련된 가장 감동적인 사례 중 하나를 소개하였다.

전쟁 포로였다가 후일 프린스턴대학 학장이 된 그는 『크와이 골짜기를 지나서』 Through the Valley of the Kwai라는 책에서, 제2차 세계대전 중 말레이반도의 일본 포로들이 굶주린 동료의 음식을 훔치는 등 거의 짐승 같은 생활을 하고 있었다고 밝힌다. 그 절망적 상황에서, 포로들은 신약성경을 읽기로 결심했다.

고던이 대학 졸업자였던 까닭에, 동료들은 그에게 인도를 맡겼다. 그는 회의론자였고, 부탁하는 자들도 불신자들이었다. 그와 동료들은 간단하게 정리된 신약성경을 통해 예수 그리스도의 아름다우심과 권능에 점점 친숙해졌고 그분을 신뢰하게 되었다.

음식을 훔치기에 급급했던 이 사람들이 사랑의 공동체로 변했다는 것은 예수 그리스도 안에 계신 하나님의 실재를 분명하게 보여주는 감동적인 이야기이다. 오늘날에도 이 같은 실재를 경험하는 사람들이 많다.

> 보이지 않는다고 해서 실재하지 않음을 뜻하는 것은 아니다.

그러므로 하나님이 계심을 보여주는 증거는 창조와 역사와 현재의 삶 속에서 분명히 발견되며, 우리는 이 하나님을 각자의 경험 속에서 알 수 있다.

■ 보다 깊은 고찰을 위한 추천 도서

Lewis, C. S. *Mere Christianity*. New York; Macmillan, 1986. 『순전한 기독교』, 2005년, 홍성사

Packer, J. I. *Knowing God*. Downers Grove 편저, Ill.: InterVarsity Press, 1993. 『하나님을 아는 지식』, 2008년, 한국기독학생회출판부

스 | 터 | 디 | 가 | 이 | 드

1. 무언가를 과학적으로 입증하기 위해 필요한 것은 무엇인가?

2. 하나님의 존재를 과학적으로 입증할 수 없는 이유는 무엇일까?

3. 인류학에 의하면, 세상의 모든 문화가 원래 창조주이신 한 분 하나님을 믿었다. 그럼에도 불구하고 무신론자들이 목소리를 높이는 이유는 무엇일까?

4. 인과 법칙에 근거하여, 우주의 분명한 질서와 설계에 근거하여 하나님의 존재 증거를 제시해 보라.

5. '무한한 시간과 우연' 이론에 대해 당신의 생각은 어떠한가? 이 이론을 믿는 사람에게 당신은 무슨 말을 해주겠는가?

6. 하나님의 존재를 입증할 '도덕적 논거'는 무엇인가?

7. 그 도덕적 논거에 대한 당신의 논리는?

8. 폴 리틀은 하나님의 존재에 대한 증거로 '변화된 삶'을 제시한다. 이 증거는 주관적이기 때문에, 입증하기 힘들며 위조하기 쉽다. 거듭난 그리스도인의 증언은 다른 종교에 입문하여 삶의 변화를 체험한 사람의 증언과 많이 다른가? 그 이유는?

9. 하나님의 존재에 대한 증거로 제시할 수 있는 당신의 '변화된 삶'은 무엇인가?

10. 하나님의 존재를 옹호하거나 부인하기 위해 당신이 생각할 수 있는 다른 논거들은 무엇인가?

11. 하나님 존재의 타당성을 설명함에 있어 가장 큰 도움을 주는 논거는 무엇인가?

12. 별 도움이 안 되는 것들은 무엇인가? 그 이유는?

13. 하나님의 존재에 대한 증거를 설명해 보고 싶으면, 당신의 말에 흥미를 갖는 사람을 물색하라. 하나님을 믿는 이유를 그 사람에게 설명해 보라.

14. 예수 그리스도를 통해 하나님께 소망을 두는 이유들을 적어보고, 그 목록에 새로 깨달은 사항을 첨가해 보라.

오 | 늘 | 의 | 한 | 마 | 디

아무 것도 아닌 것은 아무 것도 만들어내지 않는다. '하나님'이라는 개념을 생각할 수 없다면, 우리의 입장을 재고하는 것이 옳다.

Know Why You Believe

chapter 3

그리스도는 하나님인가

그리스도는 하나님인가

하나님이 주도권을 지니고 자신을 계시하지 않으신다면, 우리가 하나님의 존재 여부와 그분이 어떤 분이신지 정확히 아는 것은 불가능하다. 그분의 주도적 개입과 자기 계시가 없다면, 우리는 혼란과 근거 없는 의견, 편견에 방치된다. 그분이 어떤 분이신지, 우리를 향하신 그분의 마음이 어떤지 묻는 것은 정당하다. 그분이 히틀러처럼 변덕스럽고 포악하며 편견에 사로잡혀 있는 잔인한 존재라고 확신한다면, 얼마나 끔찍스럽겠는가!

역사를 돌아보면, 자신을 계시하시는 하나님에 대한 단서를 찾을 수 있다. 그중 단연 두드러지는 단서는 약 2,000년 전 팔레스타인의 한 마을의 마구간에서 '유대인의 왕'으로 불리는 아기가 태어난 것이다. 아기의 탄생은 헤롯왕에게 두려움을 안겨주었다. 이 아기를 없애기 위해, 헤롯은 베들레헴에서 태어난 두 살 이하의 아기를 모조리 죽이도록 명했다. 정치적 라이벌이 될 수 있는 싹을 아예 뿌리뽑기 위해서였다. 역사는 이를 가리켜 "무죄한 자들에 대한 살육"이라 지칭했다마태복음 2:1-18.

이 아기의 탄생이 시간을 양분했다! 이 아기의 삶이 역사의 과정을 변화시켰다. 2,000년 전, 그의 도래가 세상을 뒤흔들었다. 세상의 달력과 관습을 바꿨다. 미국의 무신론자도 예수님의 탄생을 기점으로 삼는 달력을 사용한다. 동서양과 종교의 차이에도 불구하고, 모든 이들이 이 달력을 사용한다. 무심결에 우리는 편지, 법적 서류, 메모, 책에 예수님의 탄생을 시사하는 날짜를 쓴다. 그분의 탄생을 기념하는 날에는, 쇼핑몰 주차장이 텅 빈다.

이 아기와 아기의 부모는 나사렛에 정착했다. 그는 아버지의 목수일을 배웠다. 처음부터 그는 특이한 아이였다. 열두 살 때 그는 예루살렘 회당에서 학자들과 랍비들을 놀라게 할 만한 질문을 던졌다. 부모가 집으로 떠난 후에도 아이는 계속 뒤에 남아 있었고, 이 때문에 질책을 들었다. 그때 아이는 이해할 수 없는 대답을 했다. "내가 내 아버지 집에 있어야 될 줄을 알지 못하셨나이까"누가복음 2:49. 이 대답은 그분과 하나님 사이의 유일무이한 관계를 암시한다.

이 젊은이는 서른 살이 되기까지 무명으로 지냈으며, 그 이후부터 3년 동안 공적 사역을 전개했다. 그는 온유한 사람으로 알려졌고, 서민들이 그의 말을 즐겁게 들었다. 그는 "그 가르치시는 것이 권세 있는 자와 같고 저희 서기관들과 같지" 않다는마태복음 7:29 점에서 당시 다른 선생들과 현저히 구별되었다.

예수님은 자신이 하나님의 아들이라고 말씀하셨다

얼마 지나지 않아 예수님은 여러 면에서 자신에 관한 충격적이고도 놀라운 말씀을 하셨다. 그분은 자신이 탁월한 선생이나 선지자보다 훨씬 큰 분임을 밝히기 시작했으며 자신의 신성에 대해 분명하게 말씀하기 시작하셨다.

자신의 정체성을 가르침의 핵심으로 삼으셨다. 그분을 따르는 자들에게 제시하셨던 가장 중요한 질문은 "너희는 나를 누구라 하느냐?"였다. 이에 베드로는 "주는 그리스도시요 살아계신 하나님의 아들이시니이다."라고 대답했다마태복음 16:15-16. 예수님은 놀라시거나 베드로를 꾸짖지 않으셨다. 오히려 베드로를 칭찬하셨다.

예수님은 자신이 하나님의 아들이심을 노골적으로 주장하셨다. 그분의 말씀을 듣는 이들은 깊은 감명을 받았다. "유대인들이 이를 인하여 더욱 예수를 죽이고자 하니 이는 안식일만 범할 뿐 아니라 하나님을 자기의 친아버지라 하여 자기를 하나님과 동등으로 삼으심이러라" 요한복음 5:18.

또 한번은 그분이 "나와 아버지는 하나이니라"고 하셨다요한복음 10:30. 그러자 곧바로 유대인들이 그분을 돌로 치려 했다. 그분은 선한 일을 행한 자신을 왜 죽이려 하는지 물으셨다. 그들은 대답했다. "선한 일을 인

> 기독교는 길이 아니라 사람이며, 규칙이 아니라 관계이다.

하여 우리가 너를 돌로 치려는 것이 아니라 참람함을 인함이니 네가 사람이 되어 자칭 하나님이라 함이로라"요한복음 10:33.

예수님은 하나님만이 지니시는 속성을 드러내셨다. 중풍병자가 지붕에서 달려 내려왔을 때, 그분은 "소자야 네 죄사함을 받았느니라"고 말씀하셨다마가복음 2:5. 이 말씀을 들은 서기관들은 "이 사람이 어찌 이렇게 말하는가 참람하도다 오직 하나님 한 분 외에는 누가 능히 죄를 사하겠느냐"라며 흥분했다마가복음 2:7.

그들의 생각을 아신 예수께서 말씀하셨다. "어찌하여 이것을 마음에 의논하느냐 중풍병자에게 네 죄 사함을 받았느니라 하는 말과 일어나 네 상을 가지고 걸어가라 하는 말이 어느 것이 쉽겠느냐"마가복음 2:8-9.

결국 그분은 이렇게 대답하셨던 셈이다. "하나님만이 죄를 사하실 수 있다는 너희의 말은 옳다. 그런데 인자도 땅에서 죄를 사하는 권세를 지니고 있음을 너희에게 알려줄 것이다. 하지만 이것은 눈에 보이는 일이 아니기 때문에 내가 너희의 눈으로 볼 수 있는 일을 행하겠노라"마가복음 2:10 참조.

그리고 나서 예수님은 중풍병자를 향해 "내가 네게 이르노니 일어나 네 상을 가지고 집으로 가라"고 명하셨고마가복음 2:11, 그 사람은 일어나 걸었다.

'인자'라는 칭호는 예수께서 자신을 지칭하기 위해 사용하신 것이지만, 그 속에는 신성의 뜻이 내포되어 있다. 세상에 오신 목적에 대해 말씀하시면서 예수님은 자신을 가리켜 "자기 목숨을 많은 사람의 대속물"로 주기 위해 온 인자로 표현하셨다. 이것은 신성을 부인하는 표현이 전혀 아니다. 오히려 이 칭호는 그분의 신성과 인간으로 오신 그분의 인성 둘 다를 포용한다. 그분의 권위, 이적, 가르침, 성품은 하나님께만 속한 특성들이었다.

이런 주장들로 인해 그분의 목숨이 위기에 처했던 순간, 대제사장이 직설적으로 물었다.

> "네가 찬송받을 자의 아들 그리스도냐 예수께서 이르시되 내가 그니라 인자가 권능자의 우편에 앉은 것과 하늘 구름을 타고 오는 것을 너희가 보리라 하시니 대제사장이 자기 옷을 찢으며 가로되 우리가 어찌 더 증인을 요구하리요 그 참람한 말을 너희가 들었도다." 마가복음 14:51-64

존 스토트는 이렇게 말한다.

그분으로서는 자신을 하나님과 동일시하는 것이
너무 자연스러운 일이었다. 따라서,
그분을 아는 것은 하나님을 아는 것이었다.
그분을 보는 것은 하나님을 보는 것이었다.
그분을 믿는 것은 하나님을 믿는 것이었다.
그분을 영접하는 것은 하나님을 영접하는 것이었다.
그분을 미워하는 것은 하나님을 미워하는 것이었다.
그분께 영광 돌리는 것은 하나님께 영광 돌리는 것이었다.[1]

네 가지 가능성

신성을 주장하시는 그리스도의 말씀에 네 가지 가능성이 고려될 수 있다. 그분은 거짓말쟁이, 미치광이, 전설 속의 인물, 또는 진리이셨다. 우리가 그분을 진리로 보지 않는다면, 우리의 이성은, 우리가 의식하든 않든 자동적으로 그분을 다른 세 가지 대안 중 하나로 연결시킨다. 이 가능성들을 고찰하는 것은 유익하다.

1. LIAR – 거짓말쟁이

예수님은 자신이 하나님이 아닌 줄 알면서도 거짓말을 하셨는가? 그렇다면 그분은 자신과 자신의 가르침에 권위를 부여하기 위해 의도적으로 사람들을 속인 셈이다.

이 입장을 진지하게 지지하는 이들은 극소수이다. 예수님의 신성을 거부하는 자들마저 그분을 위대한 도덕 선생으로 여기는 데에는 주저하지 않는다. 예수께서 자신의 정체성에 관한 가장 핵심적 가르침에 있어서 의도적으로 거짓말을 했다면, 그분은 위대한 도덕 선생일 수 없을 것이다.

2. LUNATIC – 미치광이

그분은 미치광이였을까? 이 입장을 뒷받침하려면 상당한 증거 왜곡이 수반되어야 한다. 사실 이 견해를 뒷받침하는 증거는 전혀 없다. 차라리 그분이 신실하셨지만 자기 기만에 빠졌다고 말하는 것이, 여전히 충격적이긴 하지만 더 나을 것이다.

오늘날 자신을 하나님으로 여기는 사람은 '미치광이'로 간주되어 치료받게 될 것이다. 하지만 이 표현을 예수 그리스도께 적용한다는 것은 어처구니없는 일이다.

그리스도의 생애를 살펴보면, 미친 사람에게서 흔히 드러나는 비정상적인 모습은 전혀 보이지 않는다. 도리어 압박 속에서도 위대한 평정심을 엿볼 수 있다. 빌라도 앞에서 재판받을 때, 목숨이 위태로운 상황에서도 평온하고 침착하셨다. C. S. 루이스가 말했듯, "그분의 심오한 도덕적 가르침과 광포한 과대망상증은 서로 조화될 수 없다."[2]

3. LEGEND - 전설의 인물

그분은 전설 속의 인물인가? 이 대안은 예수님의 주장과 초자연적 능력이 모두 열정적 추종자들의 고안물에 불과하다고 보는 입장이다. 따라서 전설이라는 것이다. 심지어 자신이 하나님이라는 그분의 주장과 가르침과 이적들이 3, 4세기에 이르기까지 점차 추가되었다고 보는 견해도 있다. 이 견해를 믿는 이들은, 예수가 재림하신다면 곧바로 그런 내용을 거부할 것이다.

하지만 현대의 고고학적 발견들은 이 전설 이론을 근본적으로 반박해 왔다. 특히 다음과 같은 세 가지 진술들이 결정적이다.

- 그리스도에 관한 네 전기들, 마태복음, 마가복음, 누가복음, 사도행전이 그리스도의 동시대인들의 생전에 기록되었다는 사실이 확실히 입증되었다.

- "사복음서 중 단 한 권도 A.D. 70년 이후에 기록되었다고 믿을 만한 근거는 전혀 없다."고, 세계적으로 유명한 고고학자 윌리엄 F. 올브라이트 박사가 결론지었다.

- 사실과 전혀 무관하며 그리스도에 관한 전설에 불과한 것이, 복음서 형태로 두루 회람되며 그토록 깊은 영향을 미쳤다는 것은 도무지 믿을 수 없는 일이다.

예수 그리스도를 전설 속의 인물로 본다는 것은, 존 F. 케네디가 스스로를 가리켜 하나님이라고 주장하고 사람들의 죄를 사했으며 죽은 자 가운데서 다시 살아났다고 하는 기상천외한 내용의 전기를 쓰는 것과 같다. 그런 이야기를 받아들일 사람은 아무도 없을 것이다. 왜냐하면 그분을 잘 아는 사람들이 지금도 많이 살아 있기 때문이다. 전설 이론은 논리적으로, 또는 복음서들의 기록 연대로 비추어 볼 때 신빙성이 없다.

4. LORD – 진리

예수님은 진리를 말씀하셨다. 그분은 이 땅에 오신 하나님이셨다. 어떤 면에서, 주장 자체에 큰 의미가 있는 것은 아니다. 말이란 쉽게 할 수 있는 것이다. 누구나 주장을 내세울 수 있다. 나는 하나님이라고 주장할 수 있고, 당신도 하나님이라고 주장할 수 있다. 그러나 우리 모두가 대답해야 할 질문은, "우리의 주장을 입증할 증거들이 무엇인가?"이다. 나의 경우에는, 내가 하나님이라는 주장을 5분 안에 반박할 수 있다. 당신의 경우도 별반 다르지 않을 것이다.

그러나 나사렛 예수에 대해서는 그리 간단하지 않다. 그분은 자신의 주장을 뒷받침하는 증거들을 지니셨다. 그분은 "내가 행하거든 나를 믿지 아니할지라도 그 일은 믿으라 그러면 너희가 아버지께서 내 안에 계시고 내가 아버지 안에 있음을 깨달아 알리라"요한복음 10:38고 하셨다.

증거는 무엇인가

예수님의 도덕적 성품이 그분의 주장과 일치한다. 자신의 신성을 주장하는 사람들은 전에도 많았지만, 그 주장은 그들의 성품에 의해 거짓으로 드러났다. 그리스도의 경우에는 그렇지 않다. 우리는 그리스도를 다른 이들과 비교하지 않는다. 오히려 그분은 다른 모든 이들과 대조된다. 그분은 유일무이하시다. 하나님이 그러하시듯이…….

1. 예수 그리스도는 무죄하셨다. 그분은 대적들에게 "너희 중에 누가 나를 죄로 책잡겠느냐"요한복음 8:46라고 공박할 정도로 완전무결하셨다. 그분의 흠을 찾아내려고 안달이었던 자들도 잠잠할 수밖에 없었다.

우리는 성경에서 시험 당하시는 예수님에 관한 기사를 읽지만, 그분의 죄 고백에 관한 내용은 본 적이 없다. 제자들에게 서로 용서할 것을 당부하셨지만, 자신은 용서를 구하신 적이 없다.

예수께서 자신의 도덕적 결함을 전혀 자각하지 않으셨다는 사실은 모든 시대의 성현들이나 신비주의자들에 관한 이야기와는 완전히 상반된다. 사람은 하나님과 가까워질수록, 자신의 실패와 부패성과 결함을 더 많이 자각한다. 도덕적 측면에서도 마찬가지다. 밝은 빛에 가까워질수록, 목욕의 필요성을 더 많이 느끼기 마련이다.

> 예수님은 자신이 하나님께로 이르는 유일한 길이라고 말씀하셨다. 그 유일한 길이 참된 길이라면 좁지 않다.

요한과 바울과 베드로처럼 예수님을 따랐던 이들은 어릴 적부터 죄의 보편성에 대해 배웠지만, 한결같이 예수님의 무죄성을 증거했다. "저는 죄를 범치 아니하시고 그 입에 궤사도 없으시며"베드로전서 2:22; "그에게는 죄가 없느니라"요한일서 3:5; 예수님은 "죄를 알지도 못하신 자"였다고린도후서 5:21. 예수께 우호적이지 않았던 빌라도마저도 "나는 그에게서 아무 죄도 찾지 못하노라"고 말했다요한복음 18:38. 그는 예수님의 결백성을 분명히 자각했다. 또한 그리스도의 죽음을 목격했던 로마의 백부장도 "이는 진실로 하나님의 아들이었도다."라고 말했다마태복음 27:54.

2. 예수 그리스도 안에서 우리는 완전한 인격을 발견한다. 버나드 램은 이렇게 설명한다.

> 하나님이 사람이시라면, 우리는 그분의 인격이 참된 인성을 보여줄 것으로 기대할 것이다. 진정한 사람의 모습에 대해 우리에게 말해줄 수 있는 분은 오직 하나님뿐이시다. 분명 구약성경에는 경건의 모델을 제시하는 인물들이 나온다. 이들의 경우에는, 하나님께 대한 온전한 헌신과 믿음이 무엇보다 중요시된다. 온전한 인격을 반영하는 다른 성품들도 중요시된

다. 지성이 경건을 훼방하거나 일이 기도를 방해해서는 안 된다. 그리고 열심이 비합리적 광신으로 연결되거나 절제가 무감각으로 변질되어서도 안 된다.

그리스도 안에서 우리는 인격적 특성들의 완벽한 조화를 엿볼 수 있다. 그분은 성육신하신 하나님이므로 완벽한 인간이시다. 존 샤프는 이렇게 묘사한다.

예수님의 열심은 결코 욕정으로 전락하지 않았고, 지조는 완고함으로 전락하지 않았고, 자애심은 나약함으로 전락하지 않았으며, 온유함은 감상으로 전락하지 않았다. 그분의 비세속성은 무관심이나 비사교성과는 무관했다. 자기 부인은 침울함과는 무관했다. 절제는 금욕과는 무관했다. 그분은 어린아이 같은 천진성과 남자다운 힘을 조화시켰고, 하나님을 향한 헌신과 인간의 복리에 대한 지속적 관심을 연결시켰고, 죄인을 향한 온전한 사랑과 죄와 결코 타협하지 않는 엄정성 간의, 당당하신 위엄과 겸손 간의, 두려워하지 않는 용기와 지혜로운 신중함 간의, 불굴의 단호함과 온유함 간의 조화를 보이셨다![3]

3. 그리스도는 자연을 제어하는 권능을 보이셨다. 그것은 자연을 지으신 하나님께만 속한 능력이다. 그분은 갈릴리 바다의 풍랑을 잠잠하게 하셨다. 함께 배에 탄 사람들은 그 광경을 보고서, "저가 뉘기에 바람과 바다라도 순종하는고" 하며 두려워했다 마가복음 4:41.

물을 포도주로 변하게 하셨고, 오병이어로 5천 명을 먹이셨으며, 한 미망인의 외동아들과 회당장 야이로의 딸을 살리셨다. 또한 예수께서 죽은 나사로에게 "나사로야 나오라."고 명하시자 그가 극적으로 살아났다.

대적들도 이 이적을 부인하지 않았다는 사실이 가장 의미심장하다. 오히려 그들은 그 이적으로 인해 그분을 죽이려 했다. "저를 이대로 두면 모든 사람이 저를 믿을 것이요" 요한복음 11:48.

4. 예수님은 질병을 제어하는 창조주의 권능을 드러내셨다. 지체장애인을 걷게 하고, 벙어리를 말하게 하며, 소경을 보게 하셨다. 그분이 치유하신 질병 중에는 마음의 병과 관계없는 선천적 질병도 있었다. 요한복음 9장의 소경 치유 사건이 가장 인상적이다.

꼬치꼬치 캐묻는 자들에게 정확히 대답할 수는 없었지만, 소경의 실제 경험은 마음속에 확신을 심어주기에 충분했다. 그는 "한 가지 아는 것은 내가 소경으로 있다가 지금 보는 그것이니이다" 하고 단언했다 요한복음 9:25. 그는 사람들이 예수님을 하나님의 아들로 이해하지 않는 데 대해 놀라며, "창세 이후로 소경으로 난 자의 눈을 뜨게 하였다 함을 듣지 못하였으니"라고 말했다 요한복음 9:32. 그에게는 증거가 명백했다.

5. 예수님의 신성을 뒷받침하는 최고의 증거는 바로 그분의 부활이다. 생전에 그분은 다섯 번 자신의 죽음을 예고하셨다. 또한 어떻게 자신이 죽었다가 사흘만에 죽은 자 가운데서 살아나서 제자들에게 보일

것인지도 예고하셨다 마태복음 16:21; 17:22-23; 마가복음 8:31; 10:32-33; 누가복음 9:22. 분명 그것은 가장 큰 테스트였다. 진위 여부를 쉽게 확인할 수 있는 주장이었다. 그 일이 실제로 일어나든지 일어나지 않든지 둘 중 하나였다.

부활은 너무나 결정적이며 기초적인 주제이다. 따라서 나는 본서의 한 장 전체를 거기다 할애할 것이다. 부활이 사실이라면, 다른 어떤 이적도 가능하다. 부활이 확실하다면, 우리는 하나님과 그분의 성품, 우리와 그분과의 관계에 관한 질문에 능히 답할 수 있다. 이 물음에 대한 대답은 부차적인 모든 물음에 대답할 수 있게 해준다.

그리스도는 오직 하나님만이 하실 수 있는 방식으로 역사를 움직이셨다. 샤프는 신약성경에 묘사된 예수님을 다음과 같이 결론짓는다.

예수님은 돈도 무기도 없었지만,
알렉산더나 시저, 나폴레옹이 정복한 자들보다 훨씬 더 많은 사람을 정복하셨다.
예수님은 학문을 익힌 적이 없었지만,
그분은 인간의 문제와 신령한 문제에 대해 동서고금의 모든 학자보다 빛을 더 많이 비추셨다.
예수님은 웅변을 배우지 않으셨지만,
전에 들어본 적 없고 앞으로도 듣지 못할 전무후무한 생명의 말씀을 하셨고, 그 어떤 강연자나 시인도 끼칠 수 없는 영향을 끼치셨다.
예수님은 단 한 줄의 글도 남기지 않으셨지만,

설교, 강연, 토론, 학문 서적, 미술 작품, 찬양을 위한 주제들을 고금의 모든 위인보다 더 많이 제공하셨다.[4]

6. 끝으로 그리스도께서 하나님이심을 증명하는 이유는 오늘날에도 그분을 경험할 수 있기 때문이다. 경험 자체가 결정적인 것은 아니지만, 부활이라는 역사적이며 객관적 진리와 결합하여 우리의 굳건한 확신의 기초를 제공해준다. 우리 앞에 놓인 이 모든 자료들은, 예수 그리스도가 성자 하나님이시라는 심오한 사실을 분명히 설명해준다.

따라서 우리가 사람들에게 베풀 수 있는 가장 큰 호의는 예수 그리스도를 소개하는 것이다.

■ 보다 깊은 고찰을 위한 추천 도서

Bruce, F. F. *Jesus: Lord and Savior*. Downers Grove, Ill.: InterVarsity Press; London: Hodder & Stoughton, 1986.

Kreeft, Peter. *Between Heaven and Hell*. Downers Grove, Ill.: InterVarsity Press, 1982.

스터디 가이드

1. 예수 그리스도는 자신이 하나님의 아들임을 어떤 식으로 주장하셨는가?

2. 그 주장과 행동을 설명할 수 있는 방법은 네 가지이다. 그분은 거짓말쟁이, 미치광이, 전설 속 인물, 하나님의 아들이다. 예수님이 거짓말쟁이라는 견해를 박박하는 증거는 무엇인가?

3. 예수님이 미치광이라는 견해를 옹호하거나 반박하는 증거는 무엇이가?

4. 복음서가 전설의 인물이 아니라 실제 인물에 관한 기사라고 주장할 수 있는 이유는?

5. 많은 사람은 예수님이 '위대한 도덕 선생'일 뿐이며 하나님의 아들은 아니라고 주장한다. 그런 사람에게 당신은 어떻게 대답하겠는가?

6. 예수님은 하나님의 아들이라는 자신의 주장을 어떻게 입증하셨는가?

7. 예수님에 대해 버나드 램이 묘사한 글을 다시 읽어 보라. 그분의 성품 중 당신의 친한 벗에게 있으면 가장 좋겠다고 생각되는 성품은 무엇인가?

8. 예수님의 어떤 성품을 가장 닮고 싶은가? 그러기 위해 당신이 취할 수 있는 방법은?

9. 예수 그리스도를 통해 하나님께 소망을 두는 이유들의 목록에 새로 깨달은 사항을 첨가해 보라.

오 | 늘 | 의 | 한 | 마 | 디

예수 그리스도는 하나님께 이르는 길이셨다. 그분은 단지 천국으로 안내하는 신학 지도자만이 아니셨다.

Know
Why
You Believe

chapter **4**

그리스도는
다시 살아나셨는가

그리스도는 다시 살아나셨는가

　기독교에 우호적인 자들과 반대하는 자들 모두 예수 그리스도의 부활을 신앙의 기초로 인식해 왔다. 초기의 고린도교회에는 죽은 자의 부활 가능성에 의구심을 표하는, 심지어 거부하는 사람들이 있었다. 이 소식을 들은 사도 바울은 "그리스도께서 다시 살지 못하셨으면 우리의 전파하는 것도 헛것이요 또 너희 믿음도 헛것"이라고 예리하게 지적했다 고린도전서 15:14. 바울은 자신의 모든 논거를 예수 그리스도의 부활에 둔다는 점을 이 짧은 말로써 분명히 표명했다.
　예수께서 다시 살아나셨든지 그러지 못하셨든지 둘 중 하나이다. 다시 살아나셨다면, 그것은 역사상 가장 놀라운 사건이며, 우리의 존재와 관련된 가장 심오한 질문들에 대한 결정적 답을 제공한다.

- 우리는 어디서 왔는가?
- 우리는 왜 여기에 존재하는가?
- 우리의 삶의 목적은 무엇인가?

그리스도께서 다시 사셨다면, 우리는 하나님의 존재와 그분이 어떤 분이신지, 그분이 우리 각자를 개인적으로 보살피심을 확실히 알 것이다. 그러면 우주가 의미와 목적을 지니며, 우리는 현재의 삶 속에서 살아계신 하나님을 경험할 수 있다. 나사렛 예수께서 다시 살아나셨다면, 이외의 다른 여러 가지 중요한 사실들도 받아들여질 것이다.

반박할 수 없는 사실

반면 그리스도께서 다시 살아나지 않으셨다면, 기독교는 흥미로운 박물관 소장품에 지나지 않는다. 객관적 타당성이나 사실성이 전혀 없다. 멋진 개념이긴 하지만 주창할 만한 가치가 없다. 의연하게 노래하면서 사자 굴로 들어간 기독교 초기의 순교자들은 참으로 어리석은 바보였던 셈이다. 금세기에 세계 곳곳의 수많은 선교사들 역시 자신의 목숨을 헛되이 내어주고 불쌍하게 속은 셈이다.

기독교에 대한 공격은 대체로 부활에 집중되었다. 부활은 기독교 신앙 전체의 초석으로 간주되어 왔다. 1930년대 초 한 젊은 영국 변호사 프랭크 모리슨은 부활에 대한 철저한 반박 계획을 세웠다. 그는 부활이란 우화와 공상의 산물에 불과하다고 확신했다. 부활이 기독교 신앙의 기초임을 감지한 그는 부활이 사기와 미신임을 세상에 명백히 드러내기로 결심했다. 변호사로서, 그는 하나하나의 증거들을 엄정하게 조사하여 오늘날 법정에서 채택될 수 있을 정도로 확실하지 않은 것들을 모조리 배제시킬 수 있는 비판적 역량이 자신에게 있다고 생각했다.

하지만 연구를 진행하는 과정에서 주목할 만한 일이 일어났다. 그 작업은 그가 생각했던 것처럼 쉽지 않았다. 그 결과 『누가 돌을 옮겼는가?』Who Moved the Stone?라는 그의 책의 첫 장에는 '집필되길 거부하는 책'이라는 제목이 붙었다. 거기서 그는 증거 자료를 조사하면서 자신의 의지와는 정반대로 예수님의 부활을 인정할 수밖에 없었던 과정을 묘사했다.

우리는 그분과 교류할 수 있다. 그분은 살아 계신다!

고려할 자료들

"그리스도는 다시 살아나셨는가?"라는 물음에 대답할 때 고려되어야 할 자료들은 무엇인가?

첫째, '기독교 교회'라는 사실이다. 교회는 전 세계에 확산되어 있다. 그 역사는 A.D. 32년경 팔레스타인으로 거슬러 올라간다. 사도행전은 예수님과 그분의 부활에 관한 메시지로 인해 격동했던 여러 공동체와 관련된 장황한 이야기이다. 신자들은 안디옥이라는 도시에서 처음으로 그리스도인으로 불려졌다. 데살로니가에서 행한 바울의 설교가 일부 유대인과 하나님을 두려워하는 수많은 헬라인, 적지 않은 수효의 저명한 여성들을 설복시켰다. 그 메시지는 말 그대로 "천하를 어지럽게" 했다사도행전 17:6. 복음 증거자들은 그들의 가르침과 설교와 삶과 심지어 죽음의 근거로서 부활을 부단히 언급했다.

둘째, '기독교의 날'이라는 사실이다. 일요일은 그리스도인을 위한 예배의 날이다. 그 역사 또한 A.D. 32년으로 거슬러 올라간다. 그런 달력상의 변화는 실로 대단한 것이었다. 예배일을 유대교의 안식일(한 주간의 마지막 날)로부터 일요일(첫째 날)로 바꾼 것은 격변이라 할 만했다. 사도행전 20:7은 "안식 후 첫날에 우리가 떡을 떼려 하여 모였더니"라고 간단히 언급한다. 그 변화는 예수께서 다시 살아나신 날을 기념하려는 열망에서 비롯되었다. 첫 그리스도인이 유대인이었다는 사실을 고려하면, 이 변화는 놀랍다. 이 변화의 원인이 부활이 아니라면 무엇이었겠는가?

셋째, '기독교의 책' 신약성경이다. 그 속에는 부활에 대한 독자적 증언들이 담겨 있다. 이것을 기록한 사람 중 세 명은 부활의 목격자들이다. 요한, 베드로, 마태가 그렇다.

누가복음은 바울과 함께 여행했고 부활에 관한 바울의 설교를 들었던 한 역사가의 증언이다디모데후서 4:11. 초대교회들에 편지를 썼던 바울은, 자신과 편지의 수신자들에게 예수님의 부활이 잘 알려져 있었고, 의문의 여지없이 받아들여졌던 사건으로 언급했다. 당시 사회의 도덕체계를 바꿔놓았던 이 사람들이 과연 거짓말쟁이나 미치광이들이었을까? 이렇게 보는 것은 예수님의 부활을 믿는 것보다 더 힘든 일이다.

다른 견해를 뒷받침할 만한 증거는 전혀 없다.

신자든 불신자든, 지성적 신념을 위해서는 부활과 관련된 두 가지 사항에 대한 설명이 필요하다. 그 두 가지란 빈 무덤, 예수 그리스도께서 나타나셨다는 주장이다.

빈 무덤

가장 초기에 유포된 가설은, 제자들이 시신을 훔쳤다는 것이다. 마태복음 28:11-15에서는, 시신이 사라졌다는 충격적인 소식을 파수꾼들에게서 들은 대제사장들과 장로들의 반응을 보여준다. 이 종교 지도자들은 병사들에게 돈을 주고, 그들이 잠든 사이 밤중에 제자들이 와서 시신을 훔쳐 갔다고 말하도록 당부했다. 이 이야기는 거짓임이 너무나 명백했으므로 마태는 그것을 반박할 생각조차 하지 않았다.

당신이 잠든 사이에 이웃 사람이 와서 당신의 TV를 훔쳐 갔다고 말한다면 그 말에 동조하는 판사가 있겠는가? 잠든 사이에 일어난 일을 어떻게 알겠는가? 법정에서 이런 증언을 한다면 우스갯거리가 될 것이다.

더욱이 심리학적으로나 윤리적 측면에서도 그것은 불가능한 이야기이다. 그리스도의 시신을 훔치는 것은 제자들의 성품에 전혀 어울리지 않는 행동이다. 그렇게 했다면, 수많은 사람을 죽음으로 몰아넣을 거짓말을 의도적으로 조작했음을 뜻한다. 몇몇 제자들이 모의하여 시신을 훔치고 다른 사람들에게 전혀 얘기하지 않았다고 보는 것도 터무니없다.

열두 제자 모두 고문당했으며, 사도 요한을 제외하고는 모두 자신의 가르침과 믿음 때문에 순교했다. 사람들은 자신이 진실이라고 믿는 것을 위해 죽을 수 있으며, 실제로는 그것이 거짓이더라도 그럴 수 있다. 하지만 어떤 것이 거짓임을 알고 있다면 그것을 위해서는 죽지 않는다. 적어도 임종을 앞둔 시점에는 진실을 말할 것이다. 제자들이 시신을 훔쳤고 그리스도께서 여전히 죽은 상태였다면, 그분이 나타나셨다는 주장에 대해서는 어떻게 설명해야 하겠는가?

두 번째 가설은 유대교나 로마 당국자들이 시신을 옮겼다는 것이다. 하지만 왜 그랬을까? 파수병들을 보내 무덤을 지키게 했던 로마 당국자들이 무슨 의도에서 시신을 옮겼을까? 그랬다면 사도들이 예수님의 부활에 대해 예루살렘에서 담대히 증거할 때 이 당국자들이 침묵했을 리가 없을 것이다.

유대교 지도자들은 격분했으며 이 메시지를 금지시키려고 가능한 모든 수단을 다 동원하려 했다 사도행전 4장. 그들은 베드로와 요한을 체포했고, 그들의 입을 막기 위해 매질과 위협을 가했다.

유대교 당국자들이든 로마 당국자들이든, 매우 간단한 문제 해결책이 있었다. 그들이 그리스도의 시신을 보관하고 있었다면, 예루살렘 거리를 두루 다니면서 그리스도의 시신을 사람들에게 보여주어 단 일격에 기독교의 태동 자체를 근절시켰을 것이다. 그들이 이렇게 하지 않았다는 것은 예수님의 시신을 보관하고 있지 않았음을 잘 반증해준다.

또 다른 이론은 '무덤 착각'이다. 슬픔으로 인해 마음이 산란해진 여자들이 새벽 미명에 길을 잘못 들었다는 것이다. 그들은 다른 빈 무덤을 보고 그리스도가 다시 살아나셨다고 착각했다.

하지만 이 역시 두 번째 이론의 경우와 똑같은 자가당착에 빠진다. 여자들이 무덤을 잘못 찾아갔다면, 대제사장들을 위시한 적대자들이 원래 무덤으로 가서 시신을 확인하지 않았을 리 없다.

더욱이 예수님의 제자들 모두 여자들과 똑같은 실수를 저질렀을 가능성도 희박하다. 무덤의 소유자인 아리마대의 요셉만은 그 문제를 해결할 수 있었을 것이다. 무덤이 공동묘지가 아니라 개인 소유 무덤이었다는 사실도 고려되어야 한다. 따라서 위치를 착각할 다른 무덤이 주변에 없었다.

네 번째로는 '기절 이론'을 들 수 있다. 이 견해에 의하면, 그리스도가 실제로는 죽지 않으셨다는 것이다. 죽은 것이 아니라 탈진과 고통과 혈액 부족으로 잠시 기절하셨다. 서늘한 무덤 속에 옮겨졌을 때 의식을 회복했고 무덤에서 나와 제자들에게 보이셨고, 제자들은 죽었다가 다시 살아나신 것으로 오인했다.

이 이론은 18세기 말 처음 제기되었다. 그 전에는 기독교에 가해졌던 엄청난 핍박 속에서도 이런 식의 이론이 전혀 제기되지 않았다는 점이 의미심장하다. 초기의 모든 기록은 예수님의 죽음과 피흘리심에 대해 한결같이 강조한다.

그리스도께서 기절한 상태로 장사되었다고 잠시 가정해보자. 습기 찬 무덤 속에서 사흘 동안 음식이나 물 또는 다른 어떤 보살핌도 받지 않고 생존할 수 있을 것이라고 생각하는가? 향유를 넣은 34kg 수의 속에 감싸인 상태에서 생존할 수 있을까? 과연 수의를 풀고 나와 무덤

입구를 막은 무거운 바위를 밀치고 로마 파수병들의 눈을 피해 못에 찔린 발로 수 마일을 걸어갈 수 있었을까? 또한 그 상황에서 영광스럽고 위엄에 찬 하나님으로서의 자신을 드러낼 힘이 그분께 있었을까? 그런 생각은 부활 그 자체보다 훨씬 더 공상적이다.

부활을 전혀 믿지 않았던 독일 비평가 데이비드 스트라우스마저도 이 이론을 거부했다.

빈사 상태로 무덤에서 방금 나온 사람이, 치료와 원기 회복이 절실히 필요했던 사람이, 사망과 무덤을 정복했다는 인상을, 자신이 생명의 왕이시라는 인상을 제자들에게 준다는 것은 불가능하다. 부활은 제자들의 장래 사역의 기반이었다. 그런데 그처럼 쇠약한 모습은 삶과 죽음을 통해 그들에게 보이셨던 인상을 도리어 약화시킬 뿐이며, 슬픔을 열정으로 변화시키거나 그들의 외경심을 북돋울 수 없었을 것이다.[1]

끝으로 이 이론이 옳다면, 그리스도 자신이 사악한 거짓말을 한 셈이 된다. 그분의 제자들은 그분이 죽었다가 다시 살아나신 것으로 믿고 전했다. 예수님은 이런 믿음을 결코 제재하지 않으셨다. 오히려 장려하셨다.

빈 무덤을 적절히 설명해주는 유일한 이론은 예수 그리스도의 부활이다. 다른 종교적 위인들의 경우, 그들의 무덤이 예배드리는 성소가 된다. 하지만 그리스도의 빈 무덤은 그리스도인이 기뻐하는 곳이 되었다.

그리스도께서 나타나심

신자와 불신자 모두가 설명해야 하는 두 번째 자료는 그리스도의 나타나심에 관한 기록들이다. 열 번의 사례가 분명하게 기록되어 있다. 부활하신 날 아침부터 40일 후 승천하시던 날까지 여러 사람들에게 나타나셨다. 그것은 시간과 장소와 목격자들의 면에서 매우 다양하다. 두 번은 베드로와 요한에게 나타나셨다. 한 번은 500명의 신자들에게, 나머지는 주로 제자들이 함께 있는 자리에 나타나셨다.

나타나신 장소는 모두 달랐다. 그분의 무덤 근처인 동산, 다락방, 예루살렘으로부터 엠마오로 연결된 길, 또는 갈릴리에 나타나셨다. 각각의 경우 예수께서 하신 말씀과 행동도 달랐다.

거짓말이나 전설은 빈 무덤을 설명할 수 없으며, 이런 것들을 토대로 그리스도의 나타나심을 부정할 수도 없다. 이와 관련된 성경 기사들은 목격자들의 증언이다. 그들은 예수님과 함께 지냈고 부활하신 그분을 직접 만났던 까닭에 그들의 증언은 확신에 찼다.

십자가 처형 후 나타나신 그리스도에 관한 이 목격담들을 환영과 연관시키는 사람들도 있다. 이 설명은 얼핏 보기에 그럴 듯하다. 환영을 보는 심리 현상에 대한 현대 의학적 분석을 이해하기 전까지는 설명이 그럴 듯해 보인다. 하지만 현대 의학을 통해 밝혀진 원리들을 적용해 보면 그런 설명은 불가능하다.

환영은 대개 상상력이 풍부하고 신경이 예민한 사람들에게서 나타난다. 그러나 그리스도는 온갖 부류의 사람들에게 나타나셨다. 그중에는 신경이 예민한 사람들도 있었겠지만, 베드로처럼 투박한 어부나 다른 기질의 사람들도 있었다.

환영은 극도로 주관적이며 개인적이다. 이 때문에 그 경험은 저마다 다르다. 하지만 부활하신 그리스도는 개인들에게만 아니라 무리에게도 나타나셨다. 500명 이상의 무리에게 나타나신 적도 있다. 바울은 이들 중 절반 이상이 아직 살아 있고 그 사건들에 대해 증언할 수 있다고 했다고린도전서 15장.

환영은 대개 특정한 때와 장소에서만 일어나며, 마음속으로 상상하는 일과 연관된다. 하지만 예수님은 실내에서나 실외에서나, 아침이든 오후든 저녁이든 상관없이 나타나셨다.

대체로 이런 심리 현상은 장기간에 걸쳐 어떤 규칙을 가지고 나타난다. 반면 예수님의 나타나심은 40일 동안 진행되다가 갑자기 그쳤다. 그 이후로 그런 일이 있었다고 말하는 사람은 아무도 없다.

환영 이론의 오류를 결정적으로 드러내지만 종종 간과되는 사실이 하나 있다. 이런 경험을 하기 위해서는, 실재하지 않는 어떤 것을 마음속에 그리며 실재인 것처럼 상상하기를 강력히 원해야 한다.

예를 들어, 전쟁 중에 아들을 잃은 어머니는 매일 저녁 5시 30분이면 어김없이 귀가하던 아들을 떠올린다. 그녀는 매일 오후 흔들의자에 앉아 깊은 생각에 잠긴다. 마침내 그녀는 문을 열고 들어오는 아들을 보며 대화를 나누고 있다고 생각한다. 이 시점에 그녀는 현실을 벗어난 상태이다.

자신의 의지와는 반대로 설복됨

예수님의 부활과 관련하여 제자들이 환영을 본 것이라고 생각하는 사람들도 있다. 그러나 사실은 정반대다. 그들은 예수께서 다시 살아나셨다는 사실을 믿지 않을 수 없도록 자신의 의지와는 반대로 설복되었다.

- 부활절 아침 마리아가 향유를 들고 무덤으로 갔다. 왜 그랬을까? 주님의 시신에 기름을 바르기 위해서였다. 분명 그녀는 다시 살아나신 주님을 만날 것을 기대하고 있지 않았다. 사실 예수님을 처음 보았을 때 그녀는 동산지기로 오인했다! 주께서 그녀의 이름을 부르며 말씀하셨을 때야 비로소 그녀는 누구신지 알아차렸다.

- 다른 제자들이 마리아의 말을 들었을 때, 그들은 믿지 않았다. 그들에게는 그 이야기가 "허탄한 듯이" 들렸다.

> 하나님의 사랑이 우리에게 이렇게 나타난 바 되었으니 하나님이 자기의 독생자를 세상에 보내심은 저로 말미암아 우리를 살리려 하심이니라. 요한일서 4:9

- 부활하신 예수님이 마침내 제자들에게 나타나셨을 때, 그들은 놀랐으며 유령을 보고 있다고 생각했다. 결국 주님은 확신을 심어주기 위해 "내 손과 발을 보고 나인 줄 알라 또 나를 만져보라 영은 살과 뼈가 없으되 너희 보는 바와 같이 나는 있느니라"고 말씀하셨다. 주님이 음식이 있느냐고

물으시자 그들이 구운 생선 한 토막을 드렸다. 누가는 추가 설명을 생략했지만, 영은 음식을 먹지 않는다누가복음 24:36-43!

• 끝으로 의심을 보여주는 전형적 사례가 있다. 바로 도마의 경우이다. 예수께서 제자들에게 처음 나타나신 자리에 도마는 없었다. 제자들이 도마에게 예수님의 부활에 대해 말했지만, 도마는 비웃었고 믿으려 하지 않았다. 결국 그는 이렇게 말했던 셈이다. "나는 쉽게 믿지 않는 사람이야. 내 눈으로 직접 보기 전에는 믿지 않을 거야. 나는 경험주의자이지. 그분의 손과 허리에 난 못자국에 내 손을 직접 넣어 보기 전에는 믿을 수 없어." 도마는 환영을 볼 준비를 전혀 갖추고 있지 않았다!

요한은 여드레 후 예수께서 제자들에게 나타나신 이야기를 생생하게 전해준다20장. 예수님은 도마더러 자신의 손과 옆구리를 만져보게 하셨다. 그때 도마는 엎드려 절하며 "나의 주시며 나의 하나님이시니이다."라고 말했다요한복음 20:28.

환영 이론으로 그리스도의 나타나심을 설명하려면, 그 증거를 철저히 무시해야 한다.

두려움에 떨던 제자들을 용기와 확신의 인물로 변화시킨 것은 무엇인가? 십자가 처형 전 생명의 위협을 느껴 세 차례나 예수님을 부인했던 베드로를 변화시킨 것은 무엇인가? 약 50일 후 베드로는 포효하는 사자가 되었고, 목숨을 걸고 예수님의 부활을 증거했다. 베드로가 예루살렘에서 감동적인 오순절 설교를 했다는 사실이 그 증거다. 예루살렘은 그 모든 사건이 일어났으며 베드로가 생명의 위협을 느꼈던 곳이다. 베드로가 갈릴리에서 그런 설교를 했다면, 사실 검증에 나서거나 위협할 사람이 없었을 것이다.

오직 그리스도의 부활만이 이런 변화를 일으킬 수 있다.

다시 사신 예수님을 목격한 사람들	성경 구절
예루살렘 밖의 두 여자	마태복음 28:9-10
막달라 마리아	요한복음 20:15-18
엠마오로 가는 두 제자	누가복음 24:13-32
예루살렘에서의 베드로	누가복음 24:34
다락방에서의 열 제자	요한복음 20:19-25
다락방에서의 열한 제자	요한복음 20:26-31
고기 잡는 일곱 제자	요한복음 21:1-23
갈릴리 산에서의 열한 제자	마태복음 28:16-20
오백 명 이상의 사람들	고린도전서 15:5
야고보	고린도전서 15:7
예수님의 승천을 목격한 제자들	누가복음 24:44-49; 사도행전 1:3-8

[표 4.1. 부활하신 주님의 나타나심]

오늘날의 증거

끝으로 오늘날에도 부활의 증거를 개인적으로 경험할 수 있다. 예수 그리스도께서 다시 사셨다면, 그분은 오늘날에도 살아계시며, 그분을 영접하는 자를 능히 변화시키실 것이다. 오늘날 많은 사람이 예수 그리스도에 의해 온전히 변화된 삶에 대해 간증해 왔다. 그분은 약속하신 대로 그들을 변화시키셨다. 백문이 불여일견이다.

주님은 지금도 이렇게 초청하신다. "너희는 여호와의 선하심을 맛보아 알지어다"시편 34:8. 살아계신 그리스도를 받아들이는 길은 누구에게나 열려 있다.

요컨대 우리는 캠브리지대학의 뛰어난 학자 캐넌 B. F. 웨스트코트의 말에 공감할 수 있다. "사실 모든 증거를 종합해 볼 때, 그리스도의 부활보다 더욱 잘, 다양하게 뒷받침되었던 역사적 사건도 없다고 해도 결코 과언이 아니다. 그것이 증거 면에서 미심쩍다고 보는 견해는, 추상적 가정을 통해서만 가능할 뿐이다."[2]

■ 보다 깊은 고찰을 위한 추천 도서

Green, Michael. *The Empty Cross of Christ*. Downers Grove, Ill.: InterVarsity Press, 1984. 『텅빈 십자가』, 2007년, 서로사랑

Morison, Frank. *Who Moved the Stone?*, Grand Rapids, Mich.: Zondervan, 1987. 『누가 돌을 옮겼는가?』, 2000년, 생명의말씀사

Wegner, Paul D. *God Crucified: Monotheism and Christianity in the New Testament*. Grand Rapids, Mich.: Eerdmans, 1999.

스터디 가이드

1. 고린도전서 15:3-28을 읽어 보라. 사도 바울은 죽음을 야기했던 아담의 죄를 역전시키고 우리에게 영생의 확신을 주시는 예수 그리스도의 신성을 뒷받침하는 가장 확실한 증거가 바로 그분의 부활이라고 한다. 그리스도의 부활이 이 일들을 어떻게 성취했을까?

2. 폴 리틀은 예수님의 부활로 인해 교회와 안식일과 성경이 어떻게 바뀌었는지 설명한다. 예수께서 죽은 자 가운데서 다시 살아나지 않으셨다면 당신의 삶은 어떻게 달라질까?

3. 마태복음 28:11-15을 읽어 보라. 심지어 예수님의 대적들마저 무덤이 비었음을 인정했다. 당국자들은 예수님의 제자들이 그분의 시신을 옮겼다고 주장했다. 훗날 제자들이 그리스도의 부활을 증언하기 위해 온갖 고초를 감수할 때, 마태복음 기자는 당국자들의 주장에 대해 어떻게 생각했을까?

4. 당국자들이 예수님의 시신을 옮겼다거나 제자들이 다른 무덤을 찾아갔다는 설도 있다. 이런 이론들이 타당하거나, 타당하지 않은 이유는?

5. 최근에는 예수께서 죽은 것이 아니라 기절하셨다고 하는 주장도 제시되었다. 이 견해가 그럴듯한 이유는? 이 견해의 허점은 무엇인가?

6. 신약성경이 기록될 당시, 다시 사신 예수님을 보았다고 주장하는 자들이 아직 많이 살아 있었다. 이에 대해서는 세 가지 설명이 제시된다. 그들이 거짓말을 했거나, 환영을 보았거나, 실제로 그분을 보았다. 이 설명 각각을 뒷받침하거나 반박하는 증거는 무엇인가?

7. 예수님의 부활에 대한 가장 큰 증거로는 (1) 예수께서 자신의 부활을 제자들에게 확신시키시기 힘들었다는 점, (2) 그 부활 소식이 그들을 소심한 도망자들로부터 담대하고 진취적인 증인으로 변화시켰다는 사실을 들 수 있다. 예수 그리스도의 부활을 믿으므로써 당신의 삶은 어떻게 바뀌었는가?

8. 그리스도의 주장과 권능에 대해 당신은 어떻게 생각하는가?

9. 예수 그리스도를 통해 하나님께 소망을 두는 이유들의 목록에 새로 깨달은 사항을 첨가해 보라.

오 | 늘 | 의 | 한 | 마 | 디

우리는 돌로 만든 우상과 교류하기 위해서가 아니라 살아계시며 보살피시는 하나님과 교류하도록 지음 받았다.

Know Why You Believe

chapter 5

성경은 하나님 말씀인가

성경은 하나님 말씀인가

매일 큰 소리로 함께 기도하는 기독교 가정이 있었다. 어느 날 막내 아들이 주방 벽에 걸린 예수님 사진을 가만히 쳐다보더니, 생각에 잠긴 채 "예수님, 예수님, 예수님. 아무리 불러도 예수님은 아무 대답도 없으셔!"라고 말했다.

다행히도, 예수님은 성경을 통해 우리에게 대답하신다. 사도 베드로는 하나님이 "그의 신기한 능력으로 생명과 경건에 속한 모든 것을 우리에게 주셨으니 이는 자기의 영광과 덕으로써 우리를 부르신 자를 앎으로 말미암음이라"고 했다베드로후서 1:3.

경건을 위해 하나님이 우리에게 알려주길 원하시는 모든 것을 담은 책으로서 성경을 숙고할 때, 우리의 관점은 변할 수 있다. 성경은 하찮은 책이 아니다. "그 교훈들을 읽으라."고 창조주 하나님께서 당부하신다.

"성경이 하나님 말씀인가?" 하고 묻는 것은 건전한 질문이다. 성경 전체를 통해 하나님이 말씀하고 계시다는 사실을 어떻게 아는가? 말씀의 의도는 무엇인가? 성경 전체의 메시지에 일관성이 있을까? 성경에는 시가, 역사, 예언, 교훈이 들어 있다. 이 모든 것이 하나님의 말씀인가? 여러 이야기들과 역사와 하나님의 개입 사례들의 이면에 무엇이 있는가?

이것은 중요한 물음이며, 이에 대한 답을 찾으려면 성경의 전반적 메시지를 파악하는 데서 출발해야 한다. 성경을 주의 깊게 읽어보면, 여러 사건 속에 하나님이 개입하신 사실을 알 수 있다. 성경은 천지 창조로 시작한다. 그런 후 하나님은 사람들에게 말씀하시며, 인생에 대한 주도권을 쥐신다. 성경에는 "하나님이 가라사대"라는 표현이 자주 나온다. 말하는 이는 사람이 아니라 하나님이시다. 하나님이 친히 말씀하신다.

성경이 우리 각자에게 메시지를 전하는 하나님이시라고 잠시 상상해 보라. 그 내용에 깊은 흥미를 느끼라. 먼저 천지 창조를 소개하는 창세기를 개괄적으로 살펴봄으로써 시작하는 것이 좋을 것이다. 그런 후 곧바로 신약성경으로 넘어가라. 여기서 우리는 예수 그리스도를 만난다. 그분의 이적적인 사역, 사람들에 대한 따뜻한 배려, 자신에 대한 정의, 때 아닌 죽음과 부활…….

말콤 머거리쥐가 말했듯이, 사복음서는 "기독교 신앙의 손상되지 않은 유전자들"이다. "사복음서의 내용을 기리는 뜻에서 웅장한 건물들이 세워졌고, 바하가 작곡했고, 엘 그레코가 그림을 그렸고, 성 어거스틴이 『신의 도성』을 썼으며, 파스칼이 『팡세』를 썼다. 존 번연은 그 내용을 기초 삼아 이 광야 세상을 지나가는 순례자의 여정을 묘사했다."[1]

그렇다면 "성경이 진정 하나님으로부터 나온 신성한 책인가?"라는 물음에 대한 답은 무엇일까?

먼저 나는 성경 자체가 영감 받은 하나님 말씀이라고 선언한다. 이 선언만으로 최종 증거가 되진 않겠지만, 무시할 수 없는 의미심장한 자료인 것만은 분명하다. 법정에서도 소송 당사자가 자신의 무죄를 입증하기 위해 제출하는 논리적 자료는 중요한 증거로 간주된다. 성경은 그 내용이 하나님의 말씀임을 여러 모로 강조하며, 이를 주요 고려 사항으로 간주해야 한다.

평범한 책이 아니다

분명 성경은 평범한 교과서가 아니며, 소크라테스나 플라톤 같은 철학자들의 논문이 아니다. 구약성경에는 "하나님의 말씀"이라는 표현이 394회 나오며, 그 외에도 율법, 율례, 법도, 계명, 규례와 같은 동의어들을 많이 사용한다.[2] 신약성경은 구약성경을 "하나님의 말씀"으로 인용한다.

시편 기자는 119:11에서, "내가 주께 범죄치 아니하려 하여 주의 말씀을 내 마음에 두었나이다."라고 선언했다. 이 119편은 탁월한 시의 모델로서, 22개의 히브리어 알파벳 각각에 8절씩 할애하여 총 176절로 구성된 알파벳 답관체 시이다. 한두 구절을 제외하고는 모든 구절이 여러 가지 표현으로 "하나님 말씀"을 언급한다.

성경은 약 40명의 기자가 썼지만, 하나님의 배려와 인간의 반응이라는 한 가지 주제를 보여준다. 이 주제가 처음부터 끝까지 실타래처럼 연결되어 있다.

시기적으로 가장 앞선 것은 B.C. 1100년경이며, 가장 나중 책인 요한계시록은 A.D. 100년경 기록되었다. 40명의 기자 모두 '인간을 위한 하나님의 뜻과 계획'이라는 한 가지 관점을 보여준다.

베토벤은 하나님의 영감을 받지 않았다

성경은 자체를 이런 식으로 묘사한다. "모든 성경은 하나님의 감동으로 된 것으로 교훈과 책망과 바르게 함과 의로 교육하기에 유익하니"디모데후서 3:16.

'하나님의 감동으로 된', '영감 받은'이라는 말을, 셰익스피어가 영감 받아 위대한 극본을 썼다거나 베토벤이 영감 받아 위대한 교향곡을 작곡했다는 식의 표현에서 흔히 사용되는 용례와 혼동해서는 안 된다.

성경에서 '영감'은 독특한 의미로 사용된다. 그것은 근본적으로 하나님께로서 나온다. 또한 영감 받은 대상은 40명의 기자가 아니라 기록된 내용 그 자체이다. 이 점이 중요하다.

하나님의 감동으로 되었다는 표현은 그 메시지의 기원을 분명히 보여준다. 구약성경의 예언은 "언제든지 사람의 뜻으로 낸 것이 아니요 오직 성령의 감동하심을 입은 사람들이 하나님께 받아 말한 것"이다베드로후서 1:21. 성경은 하나님의 작품이다. 성경은 인간의 생각이 아니라 인간의 말을 통해 계시된 하나님의 성품과 뜻이다.

성경 기자들은 단순한 기록 기계가 아니다. 하나님은 단지 타자기를 치듯 성경 기자들을 활용하신 것이 아니며, 받아쓰기하듯 기록하게 하신 것이 아니다.

각 기자는 나름대로 스타일을 가지고 있었다. 예레미야와 이사야의 문체가 달랐고, 요한과 바울의 문체도 달랐다. 하나님은 사람을 도구로 활용하셨지만, 그들을 인도하고 통제하심으로써 당신이 원하는 내용을 쓰게 하셨다.

초자연적 기원에 대한 암시

사람들의 견해에 상관없이 성경은 하나님의 말씀이다. 단지 어떤 것을 믿는다고 해서 그 내용까지 참되게 만드는 것은 아니며, 믿지 않는다고 해서 거짓으로 만드는 것도 아니다. 성경 전체에 걸쳐 성경의 초자연적 기원을 암시하는 내용이 나온다.

- 선지자들을 비롯한 여러 기자들은 자신이 하나님의 대변자임을 의식적으로 자각했다. "여호와의 말씀이 내게 임하니라"는 표현이 구

약성경에 자주 나온다.

다윗은 "여호와의 신이 나를 빙자하여 말씀하심이여 그 말씀이 내 혀에 있도다."라고 말한다 사무엘하 23:2.

예레미야는 "여호와께서 그 손을 내밀어 내 입에 대시며 내게 이르시되 보라 내가 내 말을 네 입에 두었노라"고 말했다 예레미야 1:9.

후일 성경 기자들이 전에 기록된 성경 말씀을 인용할 때, 특정 선지자의 글이라기보다는 하나님 말씀으로 인용했다. 예를 들어, 바울은 "하나님이 이방을 믿음으로 말미암아 의로 정하실 것을 성경이 미리 알고 먼저 아브라함에게 복음을 전하되 모든 이방이 너를 인하여 복을 받으리라 하였으니"라고 말한다 갈라디아서 3:8.

- 어떤 구절에서는 하나님이 성경 말씀과 동일시되었다. 그 예로 시편 2:1을 인용한 사도행전 4:24-25를 들 수 있다. "대주재여 천지와 바다와 그 가운데 만유를 지은 이시요 또 주의 종 우리 조상 다윗의 입을 의탁하사 성령으로 말씀하시기를 어찌하여 열방이 분노하며 족속들이 허사를 경영하였는고."

벤자민 워필드는 성경에서 말씀이 하나님으로, 하나님이 말씀으로 언급된다는 사실을 지적한다. 이것은 기자들이 습관적으로 성경을 하나님 말씀으로 보았기 때문이다.

따라서 "하나님의 말씀인 성경에서 이르기를……"이라는 뜻을 나타내기 위해 "성경이 이르기를"이나 "하나님이 이르시기를"이라는 표현을 쓰는 것은 기자들에게 자연스러웠다. 이런 표현은 성경과 말씀하

시는 하나님을 절대적으로 동일시했음을 보여준다.[3]

• 신약성경 기자들도 구약성경 기자들과 동일한 선지자적 권위를 지닌 것으로 언급된다. 예수님은 마태복음에서 세례 요한이 선지자이며, 선지자 그 이상이라고 말씀하셨다.

"그러면 너희가 어찌하여 나갔더냐 선지자를 보려더냐 옳다 내가 너희에게 이르노니 선지자보다도 나은 자니라 기록된 바 보라 내가 내 사자를 네 앞에 보내노니 저가 네 길을 네 앞에 예비하리라 하신 것이 이 사람에 대한 말씀이니라 내가 진실로 너희에게 말하노니 여자가 낳은 자 중에 세례 요한보다 큰 이가 일어남이 없도다 그러나 천국에서는 극히 작은 자라도 저보다 크니라……"마태복음 11:9-15.

고든 클라크가 말했듯이, "신약성경 선지자들은 구약성경 선구자들 못지않게 영감을 받았다."[4]

바울은 선지자적 권위를 주장한다. "누구든지 자신을 선지자나 혹 신령한 자로 생각하거든 내가 너희에게 편지한 것이 주의 명령인 줄 알라"고린도전서 14:37.

베드로는 바울의 서신에 대해 "무식한 자들과 굳세지 못한 자들이 다른 성경과 같이 그것도 억지로 풀다가 스스로 멸망에 이르렀느니라"고 말했다베드로후서 3:16. 베드로가 그 서신들을 "다른 성경"과 같은 수준으로 언급한 것은 그 서신들이 성경의 예언적 권위를 지닌 것으로 보았음을 뜻한다.

예수님의 성경관

하지만 가장 의미심장한 것은 예수님의 성경관이다. 예수님은 성경에 대해 어떻게 생각하셨을까? 어떻게 사용하셨을까? 그분은 성경에서 증거된, 성육신하신 하나님 말씀이시다.

예수님은 구약성경에 대해 매우 개방적 태도를 보이셨다. "진실로 너희에게 이르노니 천지가 없어지기 전에는 율법의 일점일획이라도 반드시 없어지지 아니하고 다 이루리라" 마태복음 5:18.

그분은 성경 말씀을 최종 권위로 인용하셨고, 광야에서 사단의 시험에 직면했을 때처럼 마태복음 4장, 종종 "기록되었으되"라는 표현으로 성경 본문을 제시하셨다. 그리고 자신과 자신의 삶을 둘러싼 사건들을 가리켜 성경의 성취라고 언급하셨다. "내가 그렇게 하면 이런 일이 있으리라 한 성경이 어떻게 이루어지리요……그러나 이렇게 된 것은 다 선지자들의 글을 이루려 함이니라" 마태복음 26:54-56.

예수께서 처음으로 가르치신 곳은 자신이 자랐던 나사렛 회당에서였다. 참석자 한 명이 선지자 이사야의 글이 적힌 두루마리를 건넸다. 예수님은 두루마리를 펴서 800년 전의 글을 읽기 시작하셨다. 그분은 이사야 61:1-2을 읽은 후 자리에 앉으셨다. 모든 사람이 그분을 주목하며 다음 말씀을 기다렸다. 그때 "이 글이 오늘날 너희 귀에 응하였느니라"고 말씀하셨다.

800년 전 기록된 예언을 자신이 성취했다는 예수님의 말씀을 들었던 자들이 받았을 충격을 상상해 보라. "저희가……그 입으로 나오는 바 은혜로운 말을 기이히" 여겼다고 누가는 전한다누가복음 4:22. 모인 무리는 그분의 이적을 보고 싶었다. 그러나 그분은 다음과 같은 구절을 읽으셨고, 무리는 외경심을 느꼈다.

"주의 성령이 내게 임하셨으니 이는 가난한 자에게 복음을 전하게 하시려고 내게 기름을 부으시고 나를 보내사 포로된 자에게 자유를 눈먼 자에게 다시 보게 함을 전파하며 눌린 자를 자유케 하고 주의 은혜의 해를 전파하게 하려 하심이라"누가복음 4:18-19.

예수님이 구약성경을 철저히 인정하고 받아들이셨음을 가장 잘 보여주는 말씀은, "성경은 폐하지 못하나니"이다요한복음 10:35.

그렇다면 우리가 예수 그리스도를 구주와 주님으로 인정하면서 성경을 하나님 말씀으로 인정하지 않는다는 것은 모순일 것이다.

혹자는 예수님이 당시 사람들의 편견을 고려하여 구약을 존중하는 척하셨다고 한다. 달리 말해서, 예수님이 어떤 주제들과 관련하여 당시 문화적 입장에 보조를 맞추셨다는 것이다.

이 견해에 의하면, 당시 회당의 랍비들이 구약성경의 권위를 존중했기 때문에, 예수님도 폭넓은 지지를 얻기 위해 구약성경에 호소하신 것이다.

그러나 이 견해는 심한 난점을 야기한다. 예수께서 구약성경의 권위를 인정하고 활용하신 것은 피상적이거나 부차적 차원에서가 아니었다. 그것은 줄곧 그분의 인격과 사역과 관련된 가르침의 핵심이었다. 그렇지 않았다면, 예수님의 가르침은 거짓투성이일 것이다. 더욱이 그분은 당시 문화적 입장에 대해 수용하실 때도 있었고 반박하실 때도 있었다. 이것은 분명 터무니없는 견해이다.

유익한 정의

"성경을 하나님 말씀으로 받아들이는 것은 성경 전체를 문자 그대로 받아들임과 같은가?", "성경을 문자적으로 믿는가?"라는 질문은 "아내에 대한 구타를 멈추었는가?" 하고 묻는 것과 비슷하다. 그렇다고 하든 아니라고 하든 자신의 폭행을 인정하는 셈이 된다. 앞의 질문이 제기될 때마다, '문자적'이라는 용어를 주의 깊게 정의할 필요가 있다.

성경에 대해 "문자적 관점"을 갖는다고 해서 성경에 사용된 표현의 특징들을 고려하지 않음을 뜻하는 것은 아니다. "들의 모든 나무가 손바닥을 칠 것"이사야 55:12이라고 이사야가 말했을 때, 시편 기자가 "산들은 수양같이 뛰놀며"시편 114:4, 6라고 노래했을 때, 이들을 합리적 시각으로 읽는다고 해서 문자 그대로 해석하진 않을 것이다. 성경에서는 시와 산문과 다른 여러 문학 형식을 사용한다.

문자적 관점은 독자들에게 전하려 하는 기자의 의도에 충실한 해석을 존중한다. 신문을 읽을 때와 동일하다. 신문에서는 문자적으로 읽어야 할 내용과 그렇지 않은 내용이 쉽게 구분된다. 스포츠 면의 경우는 특히 그렇다.

반대로 성경을 대할 때 문자적 개념을 아예 도외시한다면, 기자들의 분명한 의도는 쉽게 간과될 수 있다. 이런 견해는 성경의 특정 사건들,

> **하나님의 계시는 우리를 과학자가 아니라 그리스도인으로 만들기 위해 제시되었다!**
> - 하나님은 모든 것을 만드셨다.
> - 하나님은 모든 것을 무無로부터 만드셨다.
> - 하나님은 모든 것을 선하게 만드셨다.

예를 들어, 인류 타락 사건이나 이적들을 단지 영적 진리만을 나타내기 위해 기록된 비사실적인 이야기로 받아들이게 한다.

이 견해를 취하는 자들은, 이것을 "황금알을 낳는 거위를 죽이지 말라."는 말과 비교한다. 이 말의 진실성은 이솝 우화에 나오는 거위나 황금 알의 문자적 실재 여하에 달려 있는 것이 아니다.

이 견해에 의하면, 성경의 사건과 기록에서 제시되는 진리를 즐기거나 깨닫기 위해 굳이 그 역사성을 주장할 필요는 없다. 이 원칙을 심지어 예수 그리스도의 십자가와 부활에 적용하는 자들도 있다. 따라서 '성경을 문자적으로 받아들인다'는 표현은 애매하며, 큰 혼란을 피하기 위해 주의 깊게 정의해야 한다.

"성경은 무오하다."는 가르침 역시 주의 깊게 정의할 필요가 있다. '무오성'이란 무엇을 뜻하는가? 이것 역시 오해될 수 있다. 일반적 정의는 이렇다. 성경 말씀은 하나님이 담으려고 하신 생각이며, 기자들이 사용한 말들은 하나님에 의해 보호된다.

- 오늘날 과학적, 역사적 엄밀성과 정확성을 기준으로 삼으면, 고대 기록들은 모두 허점을 보이기 마련이다. 예를 들어, 성경은 사물을 현상적으로 묘사한다. 즉 눈에 보이는 대로 묘사하는 것이다.

성경은 '일출'과 '일몰'에 대해 말한다. 물론 현대인은 태양이 실제로 떠오르거나 가라앉는 것이 아니라 지구가 자전한다는 것을 알고 있다. 그러나 과학 문명 시대에 사는 우리도 일출과 일몰이라는 표현을 여전히 쓰는 것은, 이것이 눈에 보이는 현상을 편리하게 묘사할 수 있는 방법이기 때문이다. 따라서 성경의 현상 묘사를 오류라고 몰아붙일 수는 없다.

• 역사적 정확성에 관한 오늘날의 기준이 고대에는 사용되지 않았다. 성경에는 전쟁, 왕조, 왕들의 통치에 대한 기록이 많지만, 엄밀하기보다는 대략적 숫자가 사용되었다. 오늘날에도 이런 경우가 많다. 경찰에서 추산하는 군중의 수효를 예로 들 수 있다.

• 본문을 손으로 필사하는 과정에서 오류가 발생할 수도 있다. 쿠텐베르크는 인쇄기를 발명했고 1450년, 라틴어로 성경을 처음 인쇄했다. 쿠텐베르크 전에는 성경을 만들려면 지루하지만 일일이 손으로 옮겨 적어야 했다. 사본을 만들 때마다 최대한 조심했던 까닭에, 거듭되는 필사 과정에서도 미약한 실수들 외에는 전반적으로 정확성을 유지할 수 있었다.

비교 가능한 성경 문서들이 엄청 많지만, 아직 설명될 수 없는 문제들이 있다. 본문상의 모순점들이 더 많은 자료를 통해 해명된 사례들이 과거에 많았다.

그러므로 모순인 듯한 내용을 미결 과제로 남겨두는 것이 논리일 것이다. 현재로서는 설명할 수 없음을 인정하고 새 자료를 기다릴 수 있다. 미해결된 문제들이 있다고 해서 성경을 초자연적인 하나님 말씀으로 받아들이지 못하는 것은 아니다.

E. J. 카넬은 과학의 경우를 예로 든다.

과학과 기독교 간에 좀처럼 알아차릴 수 없는 밀접한 유사성이 있다. 기독교가 성경의 모든 것이 초자연적이라고 추정하듯이, 과학자는 자연의 모든 것이 합리적이며 질서 정연하다고 추정한다. 둘 다 모든 증거에 기초한 것이 아니라 '대부분의' 증거에 기초한 가정이다.

하이젠베르크의 불확정성 원리에 의해 표현되었듯이 전자가 불가해한 방식으로 진동함에도 불구하고, 과학은 자연의 모든 것이 기계적이라는 가설을 굳게 믿는다. 기계적 패턴에 따르지 않는 자연 영역이 많다는 점을 인정하면서도, 과학이 그 패턴을 정당화하는 이유는 무엇일까? 그것은 자연에서 '대체로' 규칙성이 관찰되기 때문이다. 그것을 전체에 적용하는 것은 가설일 뿐이다.[5]

놀라운 예언들

성경이 하나님 말씀임을 확언하는 또 한 가지 사실은, 많은 성취된 예언들을 기록하고 있다는 것이다. 이 예언들은 오늘날 점쟁이들이 제시하는 일반론적이며 애매한 예고와는 판이하다. "당신은 곧 잘생긴 사람을 만나게 될 것이다." 이런 예고는 오해하기 쉽다.

성경에 나오는 많은 예언은 구체적이고 상세하며, 선지자의 신빙성과 진실성도 거기에 의존한다. 성경 자체도 예언의 성취가 그 예언의 초자연적 기원을 뒷받침하는 증거 중 하나임을 분명히 밝힌다예레미야 28:9.

예언의 성취 여부에 따라 거짓 선지자가 밝혀진다. 신명기는 이렇게 전한다.

"네가 혹시 심중에 이르기를 그 말이 여호와의 이르신 말씀인지 우리가 어떻게 알리요 하리라 선지자가 있어서 여호와의 이름으로 말한 일에 증험도 없고 성취함도 없으면 이는 여호와의 말씀하신 것이 아니요 그 선지자가 방자히 한 말이니 너는 그를 두려워 말지니라"신명기 18:21-22.

이사야도 거짓 선지자와 예언 성취 실패를 결부시킨다. "장차 당할 일을 우리에게 진술하라 또 이전 일의 어떠한 것도 고하라 우리가 연구하여 그 결국을 알리라 혹 장래사를 보이며 후래사를 진술하라 너희의 신 됨을 우리가 알리라 또 복을 내리든지 화를 내리라 우리가 함께 보고 놀라리라"이사야 41:22-23.

구약성경에는 세 종류의 예언이 기록되어 있다.

* 메시야이신 주 예수 그리스도의 도래에 관한 예언들은 매우 상세하다. 초기의 제자들은 수백 년 전 예언들을 예수께서 구체적으로 성취하셨음을 보여주기 위해 구약성경에 기록된 예언들을 자주 인용했다. 이 예언들 중 대다수는 B.C. 1000-500년에 기록되었다. 이토록 구체적인 예언은 세계의 다른 어떤 종교에서도 찾아볼 수 없다.

> 신약성경은 이사야 53장을 38회, 시편 22편을 24회 인용한다.[6]

대표적 예언 몇 가지만 소개하려 한다. 예수님은 자신에 관한 예언을 소개하셨다. 엠마오로 가던 두 제자와 더불어 대화하신 후, 예수님은 "미련하고 선지자들의 말한 모든 것을 마음에 더디 믿는 자들이여 그리스도가 이런 고난을 받고 자기의 영광에 들어가야 할 것이 아니냐" 하고 말씀하셨다.

그리고 모세와 모든 선지자의 글로 시작하여 모든 성경에 쓴 바 자기에 관한 것을 자세히 설명하셨다누가복음 24:25-27.

이사야 52:13-53:12는 그리스도에 관한 예언 중 가장 두드러진다. 이 예언은 의도적으로 실현시킬 수 있는 성격의 것이 아니다. 이 구절들 속에는 예수님의 생애와 정확히 연결되는 구체적 내용이 열다섯 개나 들어 있다. 그것은 그분의 사역과 거부당하심, 죽음과 장사되심, 부당한 재판 과정에 대한 그분의 반응을 포함한다. 이것은 무려 800년 전에 기록된 것이다!

미가 5:2는 그리스도에 관한 예언의 역사적 구체성을 잘 보여준다. "베들레헴 에브라다야 너는 유다 족속 중에 작을지라도 이스라엘을 다스릴 자가 네게서 내게로 나올 것이라 그의 근본은 상고에, 태초에니라."

가이사 아구스도가 인구조사를 명했고, 이로 인해 마리아와 요셉은 나사렛으로부터 베들레헴 에브라다로 갔다. 그곳에서 예수님이 탄생하셨다. 성경의 예언은 정확히 성취되었다!

- 왕과 민족과 도시에 대한 예언들이 있다. 에스겔 26장의 두로에 관한 내용이 가장 주목할 만하다. 거기서는 두로가 어떻게 멸망할 것인지, 그 철저한 파멸과 다시는 재건될 수 없을 것이라는 사실에 대해 4절 상세히 예언한다. 느부갓네살의 침공과 알렉산더 대제의 잔혹한 습격을 통해 이 예언이 성취된 사실은 성경 예언의 정확성과 진실성을 분명히 보여주는 사례이다.

- 이스라엘 민족에 관한 예언들이 있다. 여기서는 일부 내용만 소개할 것이다. 모세와 호세아는 이스라엘이 정복민의 나라로 분산될 것을 예언했다.

"여호와께서 너로 네 대적 앞에 패하게 하시리니 네가 한 길로 그들을 치러 나가서는 그들의 앞에서 일곱 길로 도망할 것이며 네가 또 세계 만국 중에 흩음을 당하고" 신명기 28:25.

"저희가 듣지 아니하므로 내 하나님이 저희를 버리시리니 저희가 열국 가운데 유리하는 자가 되리라" 호세아 9:17.

예레미야 31장은 이스라엘의 민족적 회복이라는 놀라운 예언을 전한다. 수 세기 동안 이것은 생각조차 할 수 없는 일로 간주되었다. 그러나 우리 시대에 이르러 이 예언이 적어도 부분적으로는 성취되었다. 1948년 이스라엘의 국가 재건은 분명 우리 시대의 놀라운 정치 현상 중 하나이다. 예언 성취는 인도하시는 하나님의 손길을 뒷받침하는 증거이다. 이 예언들은 예고된 일들이 발생한 후 고안될 수 있는 내용이 아니다. 표 5.1을 보라.

예수님 생애의 사건들	구약성경	예언 성취
베들레헴에서 탄생하심	미가 5:2	누가복음 2:4-7
은 삼십에 팔리심	스가랴 1:13	마태복음 26:15
토기장이의 밭을 구입하는 데 사용된 은	스가랴 11:13	마태복음 27:6
재판정에서 잠잠하심	이사야 53:7	마태복음 27:12-14
죄수들과 함께 정죄당하심	이사야 53:12	누가복음 23:32-33
죽음 직전의 극한 갈증	시편 22:15	요한복음 19:28
손과 발에 못박히심	이사야 53:5	누가복음 23:46
부자의 무덤에 장사되심	이사야 53:9	마태복음 27:57-60
죄악을 담당하심	이사야 53:11	누가복음 24:1-8

[표 5.1. 예수님의 생애를 통해 성취된 예언들]

하나님이 성경을 통해 말씀하신다

성경이 하나님 말씀이라는 신념의 기초가 되는 증거들은 허다하다. 성경을 읽을 때, 성령의 확증으로 말미암아 마침내 의심은 사라지고 성경이 하나님 말씀이라는 믿음이 굳건해진다.

고든 클라크의 표현을 빌면, 성경이 하나님 말씀이라는 사실이 "점점 더 분명해진다"는 것이다.7) 이 자각은 하나님의 성령의 작용이며 사소한 것이 아니라 분명한 목적을 위한 것이다. 성경을 읽으면 생각이 밝아지고, 마음에 감동을 받으며, 성경의 메시지를 확실하게 깨달을 수 있다.

다시 사신 그리스도와 대화를 나눈 후, 엠마오 도상의 두 제자들은 "우리 속에서 마음이 뜨겁지 아니하더냐"라고 물었다누가복음 24:32. 성령의 도우심으로 성경을 하나님 말씀으로 확신하게 될 때, 우리도 그런 경험을 할 것이다. 우리는 그 말씀을 먹으며, 저자이신 하나님의 임재 속으로 들어간다.

■ 보다 깊은 고찰을 위한 추천 도서

Lewis, C. S. *"Modern Theology and Biblical Criticism"*, *Christian Reflections*. Grand Rapids, Mich.: Eerdmans; London: Geoffrey Bles, 1994.

Van Buren, Paul M. *According to the Scriptures: The Origin of the Gospel and of the Church's Old Testament*. Grand Rapids, Mich.: Eerdmans, 1998.

스 | 터 | 디 | 가 | 이 | 드

1. 폴 리틀은 비그리스도인에게 예수 그리스도와 그분의 가르침을 소개하기 위해서는 성경이 믿을 만한 역사적 기록임을 입증해야 한다고 한다. 그리스도인이 되기 전 성경의 영감을 믿었는가, 단지 믿을 만한 내용이라고만 생각했는가? 비그리스도인과 대화할 때 성경에 대한 그들의 견해 대신 그리스도의 주장에 어떻게 초점을 맞출 수 있었는가?

2. '영감'이라는 말의 성경적 용례에 의하면, 성경의 영감은 셰익스피어의 희곡의 영감과 어떻게 다른가?

3. 구약성경과 세례 요한의 선지자적 능력에 대한 예수님의 견해는 성경의 영감성을 어떻게 뒷받침하는가?

4. 예수님은 구약성경을 하나님 말씀으로 인정하셨다. 당신은 성경이 하나님 말씀임을 어떻게 믿을 수 있는가?

5. 종종 불신자들은 그리스도인이 성경을 너무 문자적으로 받아들인다고 주장한다. 그들은 어떤 뜻에서 그렇게 주장할까?

6. 저자는 '무오성'에 대한 분명한 정의가 필요하다고 말한다. 당신은 이 용어를 어떻게 정의하는가?

7. 성취된 예언은 구약성경의 진정성을 입증함과 아울러 그리스도의 주장을 입증하도록 도와준다. 당신은 이 논거를 어떻게 활용하는가?

8. "성령의 확증으로 말미암아 마침내 의심은 사라지고 성경이 하나님 말씀이라는 믿음이 굳건해진다."는 저자의 설명에 대해 생각해 보라. 이런 경험을 한 적이 있는가? 그 경험이 당신의 신앙생활에 어떤 영향을 미치는가?

9. 성경이 하나님의 말씀, 즉 세상에 보낸 하나님의 편지라는 사실이 중요한 이유는 무엇일까?

10. 우리가 다른 모든 기록들과는 달리 성경으로부터 특별히 기대할 수 있는 것은 무엇일까?

11. 당신이 하나님의 의도에 맞게 성경을 받아들이기 위해 재고해야 할 사고방식이 있는가?

12. 예수 그리스도를 통해 하나님께 소망을 두는 이유들의 목록에 새로 깨달은 사항을 추가해 보라.

오 | 늘 | 의 | 한 | 마 | 디

성경을 이해하고 읽는 것은 마치 땅콩을 먹는 것과 같다. 먹으면 먹을수록 더 많이 먹고 싶어진다.

Know
Why
You Believe

chapter **6**

성경은 믿을 만한가

성경은 믿을 만한가

여러 해 전 성경의 수많은 오류를 드러내려는 기사가 한 유명한 잡지에 실렸다. 오늘날의 성경 본문이 여러 세기에 걸친 번역 과정에도 불구하고 원문과 동일하다는 사실을 어떻게 알 수 있을까? 삭제와 수식으로 성경의 원래 메시지가 모호해지지 않았다는 사실을 어떻게 보장할 수 있을까? 성경의 역사적 정확성이 크게 중요할까? 중요한 것은 메시지이다!

그러나 기독교는 역사에 뿌리를 내리고 있다. 예수 그리스도는 로마의 인구조사를 받으셨다. 성경의 역사적 언급이 사실이 아니라면, 침통한 물음이 제기될 수 있다. 역사적 사건들에 싸인 메시지의 영적 부분이 과연 사실일까? 현재 성경 속에 포함된 문서들이 2천 년 전 문서와 내용상 동일할까? 다른 문서들을 포함시켜야 하는지 여부를 어떻게 알 수 있을까? 이런 질문들에 대해서는 신중히 답변할 가치가 있다.

이 일련의 질문에 대한 답을 찾기 전에 먼저 앞 장에서 확인한 주요 진리들을 상기하자.

- 하나님과 예수 그리스도를 믿는 신앙을 위한 합리적 진리 체계가 있다. 우리는 이성에 작별을 고할 필요가 전혀 없다.
- 하나님은 존재하시고, 개인적이며, 지각될 수 있는 분이시다. 그분은 피조물인 우리와 교류하기를 원하신다.
- 하나님은 우리와의 관계를 확립하기 위해 예수 그리스도의 성육신과 부활을 통해 이 땅에 오셨다.
- 하나님은 자신과 자신의 성품과 계획을 계시하기 위해 성경 말씀을 매체로 사용하신다.

이제 성경의 신빙성과 신뢰성에 대해 살펴보려 한다. 성경은 여러 세대에 걸친 사건들을 묘사하며, 약 40명의 기자들에 의해 기록되었다. 이 내용의 정확성과 신뢰성은 매우 중요한 문제이며, 그 정확성을 입증하는 과정은 결코 쉬운 일이 아니다. 이 66권의 책과 그 기원을 검토하는 것을 가리켜 '본문 비평'이라 한다.

이는 본문의 신뢰성과 관련된 것이다. 따라서 이 장에서는 현재 본문이 원문과 어떻게 비교되며 고대의 사본들이 얼마나 정확히 필사되었는지를 다룬다.

인쇄기 이전

물론 고대 사본들에는 페이지 구분이 없었다. 구약성경은 점토판과 목판에 주로 기록되었는데 갈대 파피루스와 양피지가 두루마리 형태로 사용되기도 했다. 도기 조각과 깨진 금속 조각들도 발견되어 왔다. 주머니칼로 예리하게 다듬은 갈대 펜이나 첨필만 언급될 뿐 잉크에 대한 언급은 없다. 모든 사람이 읽을 줄 알거나 두루마리를 지녔던 것은 아니었으므로, 그 문서들을 공적 자리에서 읽고 듣는 것은 중요한 일이었다. 구약성경에서 "여호와의 말씀을 듣는" 것을 강조한 것도 바로 이 때문이다.[1]

구텐베르크가 움직일 수 있는 활판 인쇄기를 처음 발명하여 라틴어 성경을 인쇄했던 것은 A.D. 1456년의 일이다. 그 후, 책을 접하고 읽는 것이 급속하게 용이해지기 시작했다.

'서기관'이나 두루마리 '필사자'의 일은 매우 전문적이며 깊은 주의를 요하는 것이었다. 몹시 헌신적이며 경건한 유대인이 그 일을 맡았다. 자신이 하나님 말씀을 다루고 있다고 믿었기 때문에, 그들은 그 일에 극도의 주의와 정확성이 필요하다는 것을 명심했다. 하나님의 이름을 쓰기 전에는 펜을 깨끗이 닦았고, 한 글자씩 대조하며 필사했으며, 원문의 글자 수와 필사본의 글자 수를 세어서 확인했다. 글자 수가 서로 다른 경우에는 필사본 전체를 폐기했다.

히브리어 구약성경 전체를 온전히 옮겨 적은 가장 초기의, 가장 널리 사용된 필사본은 A.D. 900년경의 마소라 본문이다. 이것은 A.D.

500년부터 1000년까지 히브리어 본문을 보관했던, 마소라 학자들로 알려진 유대교 서기관들의 필사본이다. 오늘날 사용되는 구약성경의 히브리어 본문이 바로 마소라 본문이며, 이 사실은 1천여 년 전 사본의 엄정성을 반증한다. 오늘날 우리가 가지고 있는 히브리어 사본들은 모두 마소라 본문과 일치한다. 필사와 교정은 고도의 숙련을 요하는 일이었다. 본문의 정확성을 확인하기 위해 같은 시대에 옮겨진 라틴어 사본이나 헬라어 사본과 비교해 볼 수도 있다.

사해 두루마리

1947년, 20세기 가장 위대한 고고학적 발견이 세상에 알려졌다. 사해 골짜기의 동굴들에서 고대의 성경 두루마리들을 담은 항아리들이 발견되었다. 이 두루마리들을 통해, B.C. 150년경부터 A.D. 70년경 사이에 사해 근방의 쿰란이라는 곳에서 경건한 유대인 무리가 거주했다는 사실이 분명해졌다.

쿰란은 마치 왕조와 같은 공동체 사회였다. 경작과 아울러 성경을 공부하고 필사하는 데 시간을 할애했다. A.D. 70년 쿰란 공동체는 로마인의 습격이 임박했음을

사해 두루마리들을 통해 얻는 유익

- B.C. 200년부터 A.D. 916년까지의 1천 년에 해당하는 히브리인의 역사와 기록의 정확성을 입증했다.
- 이 두루마리 내용과 예루살렘 성전에서 공식적으로 사용되었던 본문이 서로의 정확성을 강화시킨다.
- 이 두루마리에서 발견되는 광범위한 증거 자료들은 전에 감춰졌던 역사들을 확신하게 해준다. 그 결과, 이전의 오경 사본들과 관련 역사에 대한 신뢰성도 깊어진다.

감지했다. 그래서 가죽 두루마리들을 항아리에 넣고 사해 서편에 있는 절벽의 동굴들에 감추었다.

하나님의 섭리하에, 그 두루마리들은 1947년 2, 3월에 한 베두인 목동에 의해 우연히 발견될 때까지 잘 보존되었다. 그 후 그 지역에 대한 면밀한 탐사가 진행되었고, 두루마리가 들어있는 다른 11개 동굴이 추가로 발견되었다. 그 속에는 가장 오래된 이사야서 전문 사본과 이사야서의 3분의 1 가량에 해당하는 사본도 들어 있었다. 그리고 후에는 에스더서를 제외한, 구약성경의 모든 책의 단편들이 발견되었다.

덧붙여 말하자면, 이사야 38-66장의 대부분을 포함하는 사본 단편도 발견되었다. 망가진 형태의 사무엘서와 하박국의 두 장도 그 당시 발견되었다. 그 외에, 고대 공동체의 규례들을 포함한, 성경 외 문서들도 발견되었다.

구약성경의 정확성에 대해 의문을 갖는 이들에게 있어 이 발견은 참으로 의미심장하다. 이 발견으로 인해, 사본들의 햇수가 약 1천 년이나 길어진 셈이다. 이는 마치 당신이 소장하고 있는 그림이 2백 년 전 것이 아니라 1천 년 전 작품이라는 말을 듣는 것과 같다. 이 사해 두루마리를 마소라 본문과 비교해본 결과, 필사 과정이 놀라울 정도로 정확했다는 점이 밝혀졌다. 약 1천 년의 간격이 좁혀진 것이다.

실제로 얻은 것은 무엇일까? 이사야 38-66장의 쿰란 사본과 마소라 본문을 비교해 본 학자들은 이렇게 설명했다.

그 사본은 마소라 본문과 거의 일치한다. 이사야 53장을 비교해 보면, 서로 다른 글자는 17개뿐이다. 이들 중 10개는 단지 철자의 차이로서, 의미에는 전혀 변화를 주지 않는다. 다른 4개의 차이 역시 접속사의 유무와 같이 경미한 것이다. 그리고 나머지 세 글자는 11절의 "보고"에 해당하는 히브리어 뒤에 첨가된 "빛"을 뜻하는 말이다. 이 장의 166개 글자들 중에서, 정말 의문시 되는 것은 이 단어 하나뿐이며, 이것 역시 의미상으로는 아무런 변화도 주지 않는다. 쿰란 사본 전체가 이런 식이다.[2]

세 가지 중요한 역본

여행이나 전쟁으로 히브리인이 동부 아시아 전역으로 이주했다. 그래서 애굽으로부터 로마에 이르는 지역에서 다른 두루마리들이 발견되었다. 이들을 서로 비교함으로써 구약성경에 기록된 사건들의 역사성에 대한 우리의 확신이 더 강해질 것이다.

• 70인역은 구약성경의 가장 오래된 헬라어 역본이다. 유대인이 중동 전역으로 확산되고 B.C. 250년경 헬라의 알렉산더 대제가 등장함에 따라 유대인의 문화도 헬라화되어 갔다. 그 결과 수많은 유대인이 히브리어를 모르고 헬라어만 알았으며, 성전 예배에 참여할 수도 없었다.

B.C. 3세기에 72명의 유대교 학자들에 의해 헬라어로 번역된 70인역은 구약성경에 기록된 히브리 역사와 신학에 대한 이해를 돕는 가교 역할을 했다.

> F. F. 브루스는 고대 문헌들 중에서 신약성경만큼 본문 입증 자료가 풍부한 것도 없다고 한다.

- 시리아의 아람어로 기록된 시리아역은 70인역 이후로 가장 오래된 중요한 역본이다. 70인역을 약간 개역했다.

- 사마리아역도 고대 역본이며, 오경을 담고 있다. 이 명칭은 예루살렘의 유대인들과 사마리아인들 간의 간격에서 유래했을 것이다. 오경 두루마리 사본들은 오늘날 나블루스(세겜)와 팔레스타인 등지에도 남아 있다. 이런 유형의 본문들이 B.C. 200년에 존재했다. R. 래어드 해리스는 이렇게 결론짓는다.

B.C. 225년경에도 구약성경 필사자들은 필사 과정에서 정확성을 기하기 위해 매우 조심했던 것이 분명하다. 사본들 간의 차이점을 보이는 경우도 있지만, 그 차이는 아주 미미하다. 더 이전 시기의 필사자들 역시 구약성경 본문을 옮겨 적을 때 매우 조심했을 것으로 추측할 수 있다. 따라서 B.C. 457년경 바벨론 포로 생활에서 돌아온 자들에게 율법을 가르칠 때 에스라가 사용했던 구약성경과 에스라 9-10장 오늘날 우리가 사용하는 구약성경은 내용 면에서 거의 동일한 것으로 볼 수 있다.[3]

신약성경 문서들

신약성경 전체 내용 중에서 사본 독법상 차이를 보이는 부분은 1,000분의 1을 넘지 않는다. 이것은 F. J. A. 호트라는 위대한 학자가 평생 초기 문서 자료를 연구하고 내린 결론이다. 아울러 그는 신약성경의 여러 문서가 문법이나 철자 면에서도 미미한 차이점을 보였을 뿐이라고 덧붙였다.4)

헬라어로 기록된 신약성경 사본들은 현재 알려진 것만 해도 5,500개가 넘는다. 전체 내용도 있고 극히 짧은 단편들도 있다. 이 단편들 중 가장 오래된 것은 요한복음 18장의 다섯 절을 담은 내용이다. 이것은 3x5인치짜리 카드 정도 크기로서, 한 면에 세 절을, 다른 면에 두 절을 기록하고 있다. 이 단편이 애굽에서 나왔고, 사도 요한이 유배되었던 소아시아의 밧모에서 필사되었으므로, 학자들은 그 기록 연대를 A.D. 90-100년경으로 추정한다.5)

구약성경과 달리, 신약성경은 대부분 파피루스나 짐승 가죽 종이에다 먹과 펜으로 기록되었다. 요한이서 12절과 요한삼서 13절에 먹이 언급된다. 또한 사도 바울은 자신의 겉옷과 "특별히 가죽 종이에 쓴" 두루마리를 가져다줄 것을 간곡히 당부했다. 그가 말한 가죽 종이란 짐승 가죽에다 쓴 구약성경이었을 것이다디모데후서 4:13.

그렇다면 신약성경은 언제 기록되었을까? 예수 그리스도의 십자가 처형이 A.D. 30년경 일어났다고 보는 것이 일반적 견해이다. 당시 로마 황제는 디베료 가이사였다. 신약성경은 A.D. 100년경 거의 완성되었다. 이는 그 내용 중 대부분이 그리스도의 말씀과 행하신 일을 보고 듣고 기억했던 그분의 동시대 사람들에 의해 기록되었음을 뜻한다.6)

실제 사건들과 기록 사이의 시간적 간격은, 역사 탐구자의 관점에서 보면, 별로 긴 것이 아니다. 바울 서신들 중에는 일부 복음서들보다 더

일찍 기록된 것들도 있다. 여러 증거들로 미루어볼 때, 오늘날 신약성경 본문은 본질적인 내용 면에서 원문과 전혀 다르지 않다.[7]

신약성경의 수많은 초기 사본 자료들은 근거 없는 상상을 용납하지 않는다. 이것을 동시대의 다른 고대 문헌들과 비교할 때, 감탄하지 않을 수 없다. 신약성경은 A.D. 4세기에 기록된 탁월한 사본이 두 개 있다. 신약성경 책들의 파피루스 필사본 단편들의 기록 연대는 이보다 1, 2세기 더 앞선다. 브루스는 고대 문헌들 중 신약성경만큼 본문 입증 자료가 풍성한 것도 없다고 한다.[8]

그리스도의 동시대인이었던 고전적인 저자들의 작품 속에서는, 이 세속적인 저자들의 존재나 그들의 기록에 대해 의문을 제기하는 내용이 전혀 없다. 소크라테스나 동시대의 그리스와 로마의 다른 작가들을 뒷받침하는 증거 자료는 신약성경보다 훨씬 적다.

그럼에도 불구하고, "소크라테스가 실존했는지 우리가 어떻게 알 수 있을까?"라고 묻는 사람은 거의 없다. 사복음서, 21편의 서신들, 사도행전, 요한계시록은 동시대의 다른 어떤 문헌보다 풍부한 사본 증거 자료들을 가지고 있다. 그 사본들의 수효와 원작 기록 연대를 비교한 표 6.1을 보라.[9]

저자 / 가장 이른 사본	원작 기록 연대	사본의 수효
투키디데스 / 죽은 지 1,300년 후	B.C. 460-400	9
아리스토텔레스(시학) / 죽은 지 1,400년 이후	B.C. 343	5
가이사(갈리아 전쟁) / 그가 죽은 지 900년 이후	B.C. 58-50	9-10

[표 6.1 세속 저자들의 원작 기록 연대와 사본들의 수효]

추가 증거

교회가 확산되면서, 신약성경의 진정성을 뒷받침하는 다른 자료들도 생겨났다. 기독교 옹호자들과 대적들 모두 신약성경을 언급하거나 인용했다. 대체로 A.D. 90-160년에 저술 활동을 했던 초기 교회 지도자들은 신약성경 책들 중 대부분과 친숙함을 시사했다. 지식을 통한 구원을 추구하는 발렌티누스의 영지주의 학파 학자들 역시 대부분의 신약성경과 친숙했다.[10]

• 신약성경 역본들은 헬라어로부터 다른 언어들로 번역된 사본들이다. 시리아어 역본들 외에도, 이집트어 역본들과 콥트어 역본들도 있었다. 신약성경 책들의 파피루스 필사본 단편들은 그 기록 연대상으로 A.D. 4세기와 그 이전까지 거슬러 올라간다. 이 역본들을 주의 깊게 연구함으로써, 원래 헬라어 사본에 관한 주요한 단서들을 밝혀냈다.

• 신약성경의 진정성을 뒷받침하는 또 하나의 자료는 교회의 공적 예배에서 낭독되는 성구집이다. 복음서와 사도행전, 서신서들에 기록된 1,800여 개의 성구들이 활용되어 왔다. 6세기 전에는 성구집이 사용되지 않았지만, 이들의 출처가 되는 본문들은 대체로 그 전에 존재했다.

신약성경 문헌들이 필사되는 과정에서 내용상으로 많은 변화가 있었지만, 그 변화들은 대부분 미미한 것이다. 오늘날 신약성경은 충분히 신뢰할 만하다.

성경의 '오류들'에 대한 공개적인 지적에 직면할 때, 우리는 고대 사본 연구의 세계적 권위자 프레데릭 케넌의 말을 기억할 필요가 있다.

> "하나님 말씀은 사자와 같다. 당신은 사자를 지킬 필요가 없다. 당신이 해야 할 일은 사자를 풀어주는 것뿐이다. 풀려나기만 하면 사자는 자신을 지킬 것이다." 찰스 스펄전

원문 기록과 가장 오래된 현존 증거 자료 간의 시간적 간격은 너무 좁아서 사실상 무시되어도 좋을 정도이다. 따라서 성경이 본질적인 면에서 기록된 내용 그대로 우리에게 전해졌다는 사실을 의심하게 하는 마지막 근거마저 이제 사라진 셈이다. 신약성경의 신빙성과 진정성이 최종적으로 확립되었다고 말해도 좋을 것이다.[11]

정경에 관한 물음

현재의 성경 본문들의 신뢰성에 대한 물음과 긴밀하게 연관된 한 가지 물음은, '현재 성경 속에 들어 있는 책들만 성경으로 인정되어야 하는가?' 이다. 이것은 정경에 관한 물음 또는 하나님의 영감을 받은 것으로 인정되는 책들의 목록에 관한 물음으로 지칭된다.

히브리어 성경 39권은 세 그룹으로 나뉜다.

- 율법 : 성경의 첫 다섯 권인 창세기부터 신명기까지이며, 토라 또는 오경으로 불린다.

- 선지서 : '전선지서' (여호수아, 사사기, 사무엘상하, 열왕기상하), '후선지서' (이사야, 예레미야, 에스겔), '열두 선지자의 책' (호세아부터 말라기까지)

- 성문서 : 구약성경 정경의 나머지 책들(룻기, 역대상하, 에스라, 느헤미야, 에스더, 욥기, 시편, 잠언, 전도서, 아가, 예레미야애가, 다니엘)

개신교의 성경은 유대인들이 인정했고 예수님과 사도들이 받아들였던 것과 같은 구약성경 책들을 포함한다. 로마 가톨릭 교회는 1546년 트렌트 공의회 이후로 외경을 성경에 포함시키며, 70인역에 기록된 순서를 따른다.

성경에 기록된 책들이 하나님 말씀으로 인정받는 이유는, 말씀을 계시하시려는 하나님의 영감을 받은 자들의 기록으로 받아들여지기 때문이다. A. J. 영은 다음과 같이 설명한다.

> 하나님 말씀이 기록되었을 때, 그것은 성경이 되었다. 성경은 하나님이 말씀하신 것이므로 절대적 권위를 지닌다. 따라서 그것은 하나님 말씀이고 정경이다. 어떤 책의 정경성을 결정하는 것은 그 책이 하나님에 의해 영감 받았느냐의 여부이다.[12]

문서들이 정경으로 확립되는 과정을 모세 오경을 통해 엿볼 수 있다. 모세가 기록한 율법과 그 후의 선지서들은 하나님의 명령으로 간주되었다. 그들과 이후 세대들은 그것을 하나님께로부터 나온 말씀으로 보았다. 때로는 이스라엘 민족이 율법을 무시했지만, 영적 지도자들은 율법의 권위를 자각했다. 요시야가 오랫동안 율법이 무시되어 온 사실을 깨닫고 충격을 받았던 것도 이 같은 자각 때문이었다. "왕이 율법책의 말을 듣자 곧 그 옷을 찢으니라"열왕기하 22:11.

기독교 시대의 태동기에, '성경'이라는 말은 신령한 영감에 의해 기록된 것으로 온전히 인정받은 기록들을 모은 것을 뜻하게 되었다. 구약성경의 권위에 대해 예수님과 바리새인들 간에 논쟁이 벌어진 적이 없다는 것은 흥미로운 일이다. 그러나 바리새인들이 전통에 성경과 같은 권위를 부여하려 했을 때에는 충돌이 일어났다. 오늘날에도 전통과 진리를 동일시하는 사례들이 있으므로 각별한 주의가 필요하다.

A.D. 90년 얌니아에서 열린 교회 공의회에서는 정경에 관한 비공식적 논의가 있었다. 그때 구속력을 지닌 어떤 결정이 내려졌는지는 불투명하다. 그러나 A.D. 397년에 카르타고에서 열린 교회 공의회에서는 신약성경 정경을 확정했다.

외경

'숨겨진 책들'을 뜻하는 외경은 유대교 정경으로 받아들여지지 않은 열두 권을 가리킨다. 기독교 시대 초기부터 유대인이나 그리스도인은 이 책들을 영감 받은 성경의 일부로 여기지 않았다. 유대 역사가 요세푸스나 북아프리카 히포의 위대한 주교 어거스틴의 글들을 연구해도 이 사실은 분명해진다. 신약성경 기자들이 외경을 한 번도 인용하지 않았다는 사실도 주목할 만하다.

외경 자체도 하나님 말씀이라거나 선지자들의 글임을 주장하지 않는다. 이들은 내용과 가치 면에서 큰 차이를 보이며, 역사적 배경 이해에 어느 정도 도움을 주는 정도이다. 이 책들이 처음에는 인정받지 못했지만, 나중에는 70인역에 기록되었고, 5세기 초 제롬에 의해 라틴어 성경 벌게이트역에 포함되었다. 그러나 제롬마저도 그 책들을 히브리어 정경 속에만 받아들였다. 훗날 종교 개혁 시대에, 로마 가톨릭 교회는 트렌트 공의회에서 외경을 정경으로 승격시켰다.

오늘날의 구약성경 39권의 정경성에 대해서는 예수님도 증거하셨다.

신약성경 정경

신약성경의 27권이 정경의 일부로 받아들여진 것은 투표에 의해서가 아니고 그 영감성 때문이었다. 신약성경의 자료들 중 대다수는 자체 내용의 사도적 권위를 주장했다. 바울과 베드로는 사도적 권위를 염두에 두고 글을 썼던 것이 분명하다. 베드로는 바울 서신들을 가리켜 성경이라고 구체적으로 지칭한다베드로후서 3:1-16.

유다는18절 베드로후서 3:3이 사도들의 말이라고 한다. 폴리갑, 이그나티우스, 클레멘트 등과 같은 초기 교부들도 신약성경의 여러 책들을 권위 있는 것으로 언급한다.

오늘날의 정경으로 최종적으로 결정된 때는 4세기였다. A. D. 367년에 쓴 편지에서, 아타나시우스는 정경에 포함되는 책들과 다른 책을 구분했다. 그의 설명에 의하면, 전자는 신앙적 지침을 위한 유일한 근거이며 후자는 읽도록 허용되기만 하는 책들이다. 그해 카르타고에서 열린 공의회에서 최종 정경이 확정되었다.

진정한 사도적 증거의 메시지를 담은 특정 기록들을 확정하기 위해 사용된 기준은 다음 세 가지이다.

- 사도가 쓴 책인가? 마가복음과 누가복음은 이 기준에 부합하지 않지만, 사도들과 친밀했던 협력자들의 기록으로 받아들여졌다.
- 교회의 폭넓은 인정을 받았는가? 이 기준은 교회에서의 활용도에 초점을 맞추었다. 대다수의 교회에서 이 책들을 사용하였는가?
- 그 가르침이 교회에서 설교된 건전한 교리 기준들과 일치했는가?

이런 자료는 유익하고 흥미롭지만, 최종적으로는 성경의 영감에 대한 물음에서와 마찬가지로, 정경성은 그것을 읽는 이들 각자의 마음속에서 확증하시는 하나님의 증거와 관련된 문제이다.

이 불확실성의 시대에, 성경과 그 기록에 영감을 불어넣으셨던 하나님의 성품은 지적으로나 영적으로 토대가 될 만한 굳건한 반석을 우리에게 제시한다.

주님은 "천지는 없어지겠으나 내 말은 없어지지 아니하리라"고 말씀하신다 누가복음 21:33.

■ 보다 깊은 고찰을 위한 추천 도서

Bruce, F. F. *The New Testament Documents: Are They Reliable?* Downers Grove, Ill.: InterVarsity Press, 1981. 『신약성경문헌』, 생명의말씀사

_____, *The Canon of Scripture*. Downers Grove, Ill.: InterVarsity Press, 1988.

Lewis, C. S. *"Modern Theology and Biblical Criticism"*, *Christian Reflections*. Grand Rapids, Mich.: Eerdmans, 1994.

Wegner, Paul D. *The Origin and Development of the Bible*. Grand Rapids, Mich.: Baker, 1999.

스 | 터 | 디 | 가 | 이 | 드

1. 가이사의 '갈리아 전쟁' Gallic War 사본들 중에서 현존하는 가장 오래된 것은 가이사 시대로부터 900년이 지난 후 필사되었다. 이는 신약성경 원본과 현존하는 가장 오래된 신약성경 전체의 사본 간의 시간적 간격보다 500년이나 더 길다. 역사가들이 '갈리아 전쟁'을 신뢰하는데도, 사람들이 성경의 신빙성에 대해 의문을 표하는 이유는 무엇일까?

2. R. 래어드 해리스와 같은 역사가들로 하여금 "바벨론 포로 생활에서 돌아온 자들에게 율법을 가르칠 때 에스라가 사용했던 구약성경과 오늘날 우리가 사용하는 구약성경을 내용 면에서 거의 동일한 것으로 볼 수 있다."라고 말할 수 있도록, 사해 두루마리와 다양한 성경 역본들이 어떤 도움을 주었을까?

3. 구약성경의 신빙성을 결정짓는 데 있어 두 번째 문제는 어떤 책들이 정경에 포함되는지 결정하는 것이다. 그리스도께서 구약성경을 활용하신 사례가 구약성경의 진정성에 어떤 조명을 비추는가?

4. 신약성경의 신빙성에 대한 문제는 초기 사본들의 결핍에 있지 않다. 우리가 정경에 포함시키는 책들에는 그리스도의 '승인 도장'이 찍혀 있지 않았다. 왜냐하면 그것들은 그분의 승천 이후에 기록되었기 때문이다. 신약성경 책들의 신빙성을 뒷받침하는 증거는 무엇인가?

5. 성경의 신빙성에 관한 물음 중에서 당신이나 당신의 주변 사람들을 가장 곤혹스럽게 하는 것은 무엇인가?

6. 본장에 제시된 답들 중에서 당신의 의문점을 풀도록 도와주는 것은 무엇인가? 당신이 아직 답을 찾지 못한 물음은 어느 것인가?

7. 당신이 아직 답을 찾지 못한 중요한 물음이 남아 있다면, 어디서 도움을 얻을 수 있을까?

8. 예수 그리스도를 통해 하나님께 소망을 두는 이유들의 목록에 새로 깨달은 사항을 추가해 보라.

오 | 늘 | 의 | 한 | 마 | 디

성경 말씀은 하나님의 생각을 담고 있다. 주의 깊게 접근하라.

Know Why You Believe

chapter 7

고고학이 성경의 진실성을
입증하는가

고고학이 성경의 진실성을 입증하는가

 19세기 초, 근동 지역에서 인류의 뿌리를 찾는 데 기여할 새로운 문이 열렸다. 계속된 여행과 탐사 과정을 통해 현대의 고고학자들은 열정적으로 그 문을 열고 들어갔다. 그들은 고대의 궁전과 매장된 사원들, 축사들 속에서 과거 인류의 잔재를 발굴하기 위해 땅을 파기 시작했다.

 헬라 시대보다 훨씬 전에 존재했던 문명들이 되살아났다. 다니엘 시대의 바벨론이 아홉 개의 장식된 문들을 지닌 이중벽을 드러냈다. 애굽 시대의 채색된 무덤, 붕대를 감은 미라, 거울, 향유 항아리, 마스카라 통이 발굴되었다.

 처음에는 매장된 문화 그 자체가 연구 대상이었다. 그러다 궁전 벽에서 구약성경에 기록된 지명과 인명들이 발견되었다. 이스라엘과 전쟁을 벌였던 앗수르 독재자들의 이름이 무기나 불운한 포로들에 대한 언급과 함께 발견되었다. 바사의 통치자들이 보낸 편지들도 발굴되었다. 애굽의 바로들에 대해서는— 이들 중 일부는 튼튼한 황금 관 속에 누워 있다— 현재 그 신원을 확인할 수 있다.

이 같은 발견으로 인해, 성경학자들은 이스라엘과 주변국에 관한 성경 역사의 풍부한 배경 자료를 확보했다. 성경의 역사적, 지리학적 신빙성은 여러 중요한 지역에서 입증되었다. 이것은 성경의 역사적 진술들을 확증해줄 증거가 거의 없었던 수 세기 전의 상황과는 대조적이다. 그때만 해도 비평가들은 성경의 기사들을 역사적 사건이라기보다는 허구로 간주했다.

20세기 중엽, 고고학적 발견이 성경 기록을 입증한다는 사실이 받아들여지기 시작했다. 유명한 학자들의 진술이 이 사실을 뒷받침했다. 존스홉킨스대학의 W. F. 올브라이트는 "고고학이 구약성경 전승의 역사성을 확증해 왔다는 점에 대해서는 의심의 여지가 없다."고 했다.[1] 또한 예일대학의 밀러 버로우즈는 다음과 같이 밝혔다.

> 대체로 고고학적 작업은 성경 기록의 신뢰성에 대한 확신을 강화시켜 왔다. 팔레스타인에서의 발굴 경험을 통해 성경에 대한 존중심이 커졌다고 말하는 고고학자들이 적지 않다. 고고학은 여러 모로 현대 비평가들의 견해를 반박해 왔다. 그것은 이 견해들이 그릇된 가정에 근거함을 드러냈다. 이는 과소평가될 수 없는 소중한 공적이다.[2]

확증된 성경 역사

고고학이 성경의 진실성에 힘을 더하는 이유는 다음과 같다.

- 미심쩍었거나 심지어 조롱의 대상이었던, 성경 속 특정 사건들의 진실성이 입증된다.

- 성경 시대의 문화와 관행에 대한 전반적 배경이 밝혀졌다. 이로 인해 얻게 된 경제 문제나 문학 발전에 관한 배경 지식은 구약성경 선지자들이 언급한 세계를 이해하는 데 큰 도움을 준다.

- 더 많은 정보가 확보됨에 따라, 성경의 기록과 전에 유용했던 정보 간 충돌이 시원하게 해소되었다. 그렇다면 아직 상충되는 사항들이 남아 있을지라도, 성경이 그릇되다고 결론 내리기보다는, 미결 문제가 있음을 인정하고 더 많은 발굴이 이루어질 때까지 기다리는 것이 보다 합리적 태도일 것이다.

이 모든 사실에도 불구하고 고고학으로 성경을 입증할 수는 없으며, 고고학적 증거에 기초하여 성경을 믿는 것도 아니다. H. 다넬 랜스는 이렇게 말한다. "때로는 고고학이 성경에 언급된 특정 장소나 사람, 사건들을 위한 증거를 제시할 수는 있지만, 그것들과 하나님 간에 무슨 관련이 있는지에 대해서는 아무 말도 하지 못한다. 고대 이스라엘인에게 있어서나 오늘날의 신자들에게 있어서나, 그것은

> 고고학은 성경 역사와 관련된 25,000여 장소에서 성경 기록의 진실성을 입증했다.

신앙의 문제이다."[3]

믿음과 성경의 영적 진리를 궁극적으로 확증하시는 이는 바로 하나님이시다. 고고학은 성경에 기록된 기사가 사실임을 입증해줄 뿐이다. 영적 진리는 하나님으로부터 나온다. 고고학에 의해 거듭 확증된 역사적 사실은 성경에 더욱 확신을 갖게 할 뿐 아니라, 역사적 사건을 넘어 '하나님의 이야기'를 보게 한다.[4]

고고학자들의 자료

구약성경 시대와 관련된 25,000여 개 유적이 확인된 바 있지만 아직도 많은 자료들이 발굴을 기다리고 있다. 근동 전역에 걸쳐 흙과 건물 잔재의 둔덕들이 한때 번창했던 성읍이나 도시들의 위치를 알려준다. A. R. 밀리어드는 성경의 주요 성읍 중 대부분은 "일반적인 지리학적 고찰이나 전승에 의해서나(이것은 신뢰성이 뛰어난 방법은 아니다) 혹은 현재에도 사용되는 고대 지명을 통해 그 위치를 확인할 수 있다."고 한다.[5]

고대의 지명이 계속 사용되는 대표적 사례로는 다메섹(다마스쿠스)을 들 수 있다. 사도행전에 기록된 사도 바울의 회심 기사에서 언급되는 이곳은 3,500여 년 동안 그 이름으로 존속되어 왔다.

중동 전역에서 발견되는 고대의 비문들은 성경 기사와의 통찰력 있는 비교를 가능하게 해주며, 돌이나 도기, 벽에는 인근 민족이 사용했던 문자들이 나타난다. 그림이나 문화 유물들은 당시 문화를 세부적으로 드러낸다.

성경에 기록된 장소들을 발굴하는 과정 자체가 그 속에서 언급된 이야기에 관한 정보를 제공한다. 당시 사람들이 어떻게 살았는지, 집을 어떻게 짓고 일은 어떻게 했는지 알려준다. 발굴은 해당 지역의 문명과 그 거민들의 실제 생활과 놀라운 기술을 드러낸다. 발굴을 통해 드러나는 정보와 성경 자료와의 연관성은 너무나 광범위하므로 여기서는 핵심 내용만 언급하기로 한다.

발굴 유물의 연대 측정

고대의 도시들은 건립되었다가 세월의 흐름과 함께 허물어졌으며, 같은 장소에 재건되었다. 이 때문에 여러 층의 흔적들이 같은 곳에서 발견된다. 물론 가장 낮은 층이 가장 오래된 것이다. 그러면 이 발굴물들의 연대를 어떻게 측정할 수 있을까?

도기의 형태는 문화권마다 다르다. 한 발굴 지점에서 나온 특정한 도기의 연대를 가늠할 수 있다면, 다른 곳에서 발견된 유사한 도기들 역시 같은 시대의 것일 수 있다. 종종 왕들은 신전 문의 경첩에 자신의 이름을 새겼다. 또한 궁전이나 신전 벽 아래에는 그 설립자를 기념하여 비문이 새겨진 돌을 끼워 두었다. 왕의 무덤들도 같은 방법으로 확인하는 경우가 많다.

거의 B.C. 2000년까지 거슬러 올라가는, 그 당시 사건과 사람들의 목록이 적힌 필사본들이 발굴되었다. 그중 수메르의 필사자들이 왕들의 목록을 적은 내용도 있는데, 왕조의 순서별로 각 왕들의 재위 기간까지 적혀 있다. 아브라함 초기 거주지였던창세기 11, 15장 참조 '우르'라는 도시로부터 몇 마일 떨어진 곳에서 기초석이 하나 발견되었다. 그것은 우르의 첫 왕조의 이름 모를 한 왕이 세운 것이다. 의미심장하게도, 필사자들은 이 왕을 가리켜 대홍수 이후의 세 번째 왕조에 속한 왕이라고 전한다. 이 왕은 그리스도보다 3,100년 전에, 아브라함보다 1,000여 년 전에 통치했던 것이 분명하다.[6]

B.C. 2000년 : 아브라함 시대

고고학으로부터 도움을 받는 좋은 사례는, 아브라함의 생애 및 그 시대B.C. 2166-1991년경와 관련해서이다. '마리'와 '누지'와 '알랄라크'라는 세 도시의 발굴은 고대 문명에 대한 새로운 정보의 문을 여는 계기가 되었으며, 시리아와 메소포타미아에서 전개되었던 삶의 단서들을 제공했다. 또한 아브라함과 동시대 사람들의 도시 생활양식을 새로운 시각으로 엿볼 수 있게 했다. 그것은 모세 오경에 기록된 소위 '족장들'의 목축 생활과는 첨예한 대조를 보인다.

이 기록들은 사업, 정치, 행정, 예술 등 광범위한 분야를 언급하고 있으며, 이들은 성경의 족장들이 직면했던 것과 유사한 관습과 사회적 관계들을 반영하고 있다.

마리와 누지를 통해 알게 된 것과 유사한 배경에서 아브라함을 볼 때, 성경의 기사들은 매우 믿을 만한 내용으로 보여진다. 이 도시들의 생활과 역사, 정치적 변화, 문화 활동과 사업 등에 관한 자료는 히브리 민족의 시조인 아브라함의 배경 이해에 큰 도움을 준다.

1933년, 아랍인 일행이 이라크 국경으로부터 16km 정도 거리에 위치한 유프라테스 상류의 한 무덤을 파고 있었다. 그들은 석상 하나를 발굴하여 보도했다. 그 지점에서 '마리'라는 도시가 그 고고학 팀에 의해 발굴된 것이다.

그들은 석상을 더 많이 파냈고, 마침내 정교한 궁전을 발굴했다. 그것은 작은 궁전이 아니었다. 24,000평방미터가 넘는 넓이에 260개의 방과 안마당과 통로를 구비했다. A. R. 밀러드는 이렇게 설명한다.

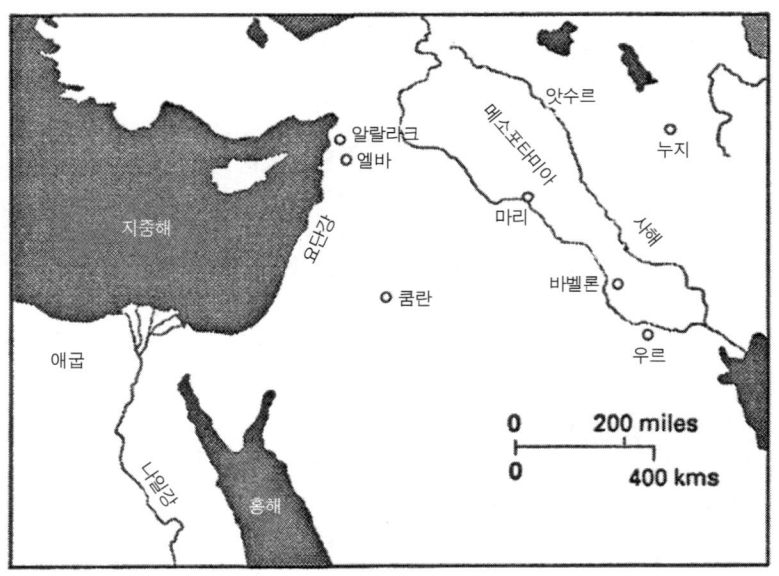

[지도 7.1. 고고학적으로 중요한 지점들]

고고학자들은 대개 신전 터나 궁전 터와 같이 더 많은 보람을 갖게 하는 장소에 집중한다. 혹은 그런 곳들의 존속 기간을 밝혀내기 위해 구덩이를 판다. 그러다 보면 산더미처럼 많은 흙더미를 파내고 약간의 정보만 얻을 수도 있다.

특별한 관심을 유발하는 지역에서는 더 넓게 팔 수도 있다. 건물의 흔적은 바닥, 벽의 밑동, 폐물 더미들로 드러난다. 이 잔재들은 시기 별로 샌드위치처럼 포개져 있다.[7]

밀러드는 마리의 궁전에 450cm 높이의 벽으로 둘러싸인 방들이 있었고, 어떤 방들은 기름이나 포도주, 곡물을 비축하기 위한 항아리들로 가득했고, 또 어떤 방들은 텅 비어 있었다고 한다. 왕과 왕비들과 그 가족을 위한 넓은 주거 공간이 있었다. 관료들과 하인들을 위한 공간은 비교적 좁았다. 우리는 작업장의 기술자들, 주방의 요리사들, 장관들, 하인들, 왕의 여흥을 위한 공연단원들도 상상해 볼 수 있다. 발굴된 여러 석상 중 하나는 B.C. 18세기 것으로 추정되는, 턱수염을 기른 한 남자의 상이며, 거기에는 마리 왕 '이쉬투필룸'이라는 이름이 새겨져 있었다.[8]

또한 왕실 문서 보관소에서 약 2만 개의 설형문자 서판들이 발견되었다. 그 서판들은 회계원이 곡물, 채소, 다른 궁전 반입물들을 기록하는 데에도 사용되었다. 거기에는 왕에게 보낸 서신들, 악기와 장식용 금도 언급되어 있다. 예언자들이 신에게 보낸 메시지를 담은 서신들도 있다. 보물 항아리나 비문들로 미루어 볼 때 그 도시는 B.C. 2500년경에 존재한 것으로 보인다.

고대 중동의 문헌으로서 가장 널리 알려진 것은 서판들이다. 거기에는 이스라엘의 선지자들에 의해 기록된 것들과 비교되는 예언들이 기록되어 있다. 아브라함은 B.C. 19세기와 20세기 사이의 어느 시점에 살았던 것으로 추정되기 때문에, 분명 마리와 유사한 문화권에서 살았을 것이다.

티그리스강 인근 마리 동편에 위치했던 도시 누지에서는, B.C. 14-15세기 사회 풍습을 담은 서판들이 발굴되었다. 거기 묘사된 가족 상황들 중에는, 창세기 15:4에서 아브라함이 이스마엘을 양자로 삼으면서 직면했던 딜레마와 유사한 내용도 있었다. 후일에 부부가 자연 출산으로 아들을 얻으면, 양자는 자신의 권한을 동생에게 넘겨주어야 했다. 아브라함과 사라의 경우에, 사라의 몸에서 태어난 이삭이 부모의 유업을 모두 물려받았다.

누지 서판들은 창세기 16:1-2과 유사한 사건을 보여준다. 창세기에서 사라는 임신을 하지 못해서 자신의 애굽인 여종 하갈을 아브라함에게 주어 아이를 낳게 했다.

성경학자 에드윈 M. 야마우치는 이렇게 전한다. "불임 아내가 남편에게 여종을 주어 아들을 낳게 해야 한다는 규정이 적힌 서판이 있다. 이 서판과 함무라비 법전에 의하면, 여종의 아들은 보호받아야 한다. 하갈과 이스마엘을 내보내라는 하나님의 명령도 이 규례와의 연관성 속에서 이해된다."[9]

또 다른 시리아 지역인 오론테스 강변의 알랄라크에서는 아내 학대를 언급한 서판이 나왔다. 아내를 학대한, 즉 문자적으로는 '아내의 코

를 잡고 끌어당긴' 남편은 아내와 신부의 지참금을 포기해야 했다.[10]

B.C. 2000년대의 기록

당신은 구약 족장 시대 필사자들의 문필 능력에 놀란 적이 있는가? 지금까지 근동에서 발굴된 문서 보관소들 중 가장 큰 것이 에블라에서 나왔다. 그것의 연대는 B.C. 2000년대까지 거슬러 올라간다. 그 존재가 알려지긴 했지만, 정확한 위치나 당시 발전된 문화는 제대로 밝혀지지 않았다.

고고학자들의 발굴에 의하면, 그 도시는 두 지구로, 즉 아크로폴리스와 저지대로 나뉜다. 아크로폴리스에는 왕의 궁전과 여신 이쉬타르의 신전, 여러 개의 마구간을 갖춘 네 개의 복합 건물들이 있었다. 저지대는 네 구역으로 나뉘었고 각 구역에는 출입문이 달려 있었다. 신전에 인접한 한 방에서 고고학자들이 마룻바닥에 쌓인 수천 개의 서판들을 발견했다. 그 작은 방은 불에 탔었다. 화염의 열기에 서판들은 벽돌 구조물과 함께 구워졌다. 그 결과, 1975년에 발굴되기까지 그 방과 서판들은 오랜 세월을 견뎌냈다. 무려 5천 년 전 역사가 보존된 것이다![11]

이 방대한 기록을 해석하자면 여러 해 동안의 탐구가 필요할 것이다. 그러나 이 서판들의 소중한 기여 중 하나는, B.C. 2300년 전에 북부 시리아에서 설형문자가 사용되었음을 보여주는 증거라는 것이다. 또한 그것은 사업이나 문화적 활동을 포함한 모든 종류의 활동을 기록으로 옮겼던 습관을 보여준다. 학자들은 그 무렵 그 지역에 다른 언어를 사용하는 셈족도 있었다고 본다. 우리가 아는 성경 역사는, 글쓰기가 잘 확립된 세계에서 전개되었다.

이스라엘의 왕들

고고학을 통해 우리는 성경의 왕들을 연구하기 위한 다양한 배경 정보를 얻어 왔다. 회의론자들은 솔로몬 관련 기사에 대해 특별히 주목했다. 팔레스타인 해안에는 항구로서 적절한 곳이 없지만, 열왕기상 9-10장에서는 홍해 해안에서 왕실 선박들을 만들었다고 묘사한다. 솔로몬 군대는 1,400대의 전차와 1,200두의 말을 이용했다. 예루살렘, 하솔, 므깃도, 게셀 등지의 요새화를 비롯한 솔로몬의 건축 사업은 광범위했다열왕기상 9:15. 하솔과 므깃도와 게셀에서 최근 발굴된 자료들은 솔로몬의 건축술을 뒷받침해준다.

1960년, 이스라엘의 유명한 고고학자 이가엘 야딘이 므깃도 발굴 작업 중 솔로몬 시대의 유물을 찾아냈다. 열왕기상 9:15에서 므깃도와 하솔과 게셀을 한 그룹으로 묶어 언급했다는 사실에서 야딘은 영감을 얻었다. 그는 솔로몬 당시 므깃도 성문에 각 방향으로 세 개의 방이 딸려 있었다는 점에 착안하여, 과연 다른 두 도시들도 똑같았는지 알아내고 싶었다. 그는 하솔 발굴과 관련된 흥미로운 이야기를 들려준다.

하솔 발굴을 본격적으로 전개하기 전, 우리는 므깃도 성문에 기초하여

임의로 땅바닥에 표시를 했다. 그리고 인부들에게 발굴 작업을 계속하도록 지시했다. 일을 마쳤을 때, 그들은 마치 마술사나 점쟁이라도 보듯이 놀라는 표정으로 우리를 바라보았다. 왜냐하면 우리가 표시한 자리에 성문이 있었기 때문이다. 그것은 므깃도 성문의 복제판 같았다. 이것은 두 성문이 솔로몬에 의해 건립되었음은 물론, 동일한 설계자의 계획에 따른 것임을 입증해주었다.[12]

솔로몬의 금

열왕기상 10:21은 솔로몬이 많은 보석을 소유했다고 전한다. 그가 여호와를 위해 지은 성전은, 애굽 투탕카멘 왕의 황금 성소처럼, 열왕기상 6장 후반부에 묘사된 바와 같이 온통 금으로 장식되었다. "솔로몬이 정금으로 외소 안에 입히고 내소 앞에 금사슬로 건너지르고 내소를 금으로 입히고 온 전을 금으로 입히기를 마치고 내소에 속한 단의 전부를 금으로 입혔더라"6:21-22. 실로 엄청난 장관이다.

솔로몬 성전의 정확한 지대가 발견되진 않았지만, 다른 발굴 자료들은 당시 주변 나라들도 성경에 나오는 것과 유사한 기술을 지녔음을 보여준다. 밀러드는 이렇게 설명한다.

사치스럽게 보일 수도 있지만, 금장식은 강력한 통치자의 자부심 문제였다(오늘날 호화로운 연회에서도 귀한 그릇들이 사용된다). 국가의 화폐 보유고를 금으로 저장했으며, 이를 지하 금고실에 숨겨둔 것이 아니라 백성에게 보여주었다. 강력한 군대가 침입하여 금을 약탈해 가기도 했다열왕기하 18:16.

앗수르와 바벨론, 애굽의 군주들은 신전 장식을 위해 봉헌한 금을 자랑했다. 그들의 비문에는 회반죽처럼 금으로 덮인 벽들, 부조로 새겨지고 금으로 덮인 문들, 귀금속으로 싸인 가구와 장식들이 언급되어 있다. 앗수르의 한 왕은 아르메니아의 어느 신전에서 여섯 개의 장식용 황금 방패를 탈취했는데, 이들 각각은 솔로몬 궁전에 걸어두었던 방패보다 열두 배나 무거웠다(참조, 열왕기상 10:1-17; 14:26-27. 거만한 군주들의 주장은 크게 과장된 것일 수도 있겠지만, 금 사용에 대해서는 그렇지 않다. 가는 금조각들이 앗수르, 바벨론, 애굽의 유적지에서 발굴되었으며……석조물에 금속을 입힌 흔적도 보인다.[13]

솔로몬의 금 중 일부는 오빌산이었다. 열왕기상 9:11에서는, 두로 왕 히람이 솔로몬에게 "백향목과 잣나무와 금을" 공급했다고 전한다. 그리고 28절에는 히람의 종들이 "오빌에 이르러 거기서 금 사백이십 달란트를 얻고 솔로몬 왕에게로" 가져갔다고 한다. 이 도시의 정확한 위치는 여전히 비밀로 남아 있지만(아프리카의 소말리 연안부터 인도에 이르기까지 다양하게 추측됨), 그곳의 존재와 막강한 재산은 분명히 입증되어 왔다.

B.C. 8세기 중엽 질그릇 조각 하나가 텔 아비브 북부 어느 항구에서 발굴되었다. 거기에 한 지방 관리가 금의 양을 정확히 적어놓았다. "벧호론을 위한 오빌 금 : 30세겔" (약 340g에 해당하는 양).[14] 여기서 한 가지 안전한 결론을 내릴 수 있다. 솔로몬의 황금 성전은 서기관의 과

장된 표현이 아니라, 당시 관행에 따른 것이다.

돌에 새겨진 이스라엘과 모압의 전투

고고학자들이 발굴한 유적 중에는 성경의 사건들을 매우 구체적으로 설명해주는 것들도 있다. 열왕기하 3장에 기록된 모압과 이스라엘의 전투를 전해주는 기념석이 한 예이다. 성경에 의하면, 모압 왕 메사가 이스라엘의 통치에 반발하여 조공 납부를 거부했고, 이스라엘과 유다, 에돔의 세 왕과 모압 사이에 전투가 벌어졌다.

1868년, 클라인이라는 한 독일인이 모압 땅에 해당하는 디본에서 발굴을 진행하던 중 비석을 하나 발견했다. 그 돌은 디본에 사는 아랍인의 소유였기 때문에, 그는 구입 자금을 마련하기 위해 집으로 돌아갔다. 아랍인들은 더 높은 가격으로 팔려는 생각에서, 그 돌을 구운 후 찬 물을 부어 여러 조각으로 깨트렸다. 다행히도, 클라인은 그 돌을 깨트리지 않았을 때 찍어둔 압인을 얻었고, 그 덕분에 구입한 조각들을 다시 맞출 수 있었다.

현재 그것은 파리의 루브르에 보관되어 있다. 초기 형태의 페니키아 알파벳으로 기록된 그 비문은, 모압 왕 메사가 그모스 신의 도움으로 이스라엘 통치를 떨쳐버렸음을 묘사하고 있다. 또한 아합의 아버지 이스라엘 왕 오므리의 이름을 여러 성경 지명들과 함께 언급한다. 의미심장하게도, 이스라엘의 하나님을 "야훼"로 언급한다.[15]

다니엘과 벨사살

다른 여러 발굴을 통해, 불경스러웠던 벨사살 왕에 관한 다니엘의 기사가 확인되었다. 다니엘은 벨사살을 바벨론의 마지막 왕으로 언급한다. 그러나 바벨론의 기록들에 의하면 나보니두스가 마지막 왕이다. 이는 명백한 불일치이다.

그러나 한 바벨론 연대기가 발견됨으로써 의문이 풀렸다. 그 기록에 의하면, 나보니두스가 어떤 이유에서인지 10년 동안 아라비아로 떠났고 나라를 아들 벨사살에게 맡겼다고 한다. 나보니두스가 왕권을 포기하지 않은 데서 혼란이 생겼다. 그는 여전히 왕으로 지칭되었다. 비록 벨사살이 독자적인 왕이 아니었지만, 다니엘과 그의 친구들은 벨사살을 사실상 왕으로 여겼다. 바벨론 연대기가 발굴되기 전에는, 벨사살이라는 이름은 성경에서만 볼 수 있었다.

고고학자 R. F. 도허티는 이 연대기를 연구한 후 이렇게 결론짓는다. "신바벨론 제국 막바지의 상황을 다루는, 즉 당시 사건들을 묘사하는 바벨론 외부의 모든 기록 중에서, 다니엘서 5장은 바벨론의 설형문자 문헌 다음으로 정확하다."16)

입증된 신약성경

신약성경을 위한 고고학적 탐구와 발견은 구약성경을 위한 탐구와 발견과는 성격이 다르다. 그것은 매장된 건물이나 새겨진 서판을 파내는 문제라기보다는 기록된 문서들에 관한 문제이다. F. F. 브루스의 설명을 들어보자.

> 이 문서들은 돌 또는 내구력 있는 다른 재료 위에 공적으로나 개인적으로 새긴 것이다. 이집트 사막에서 발견된, 문학적 내용이나 주부의 쇼핑 목록이 적힌 파피루스도 있다. 유약을 칠하지 않은 도기 조각에 새겨진 개인 기록도 있다. 어떤 통치자에 관한 정보를 담거나 공무상 선전을 적은 동전 형태도 있다.
> 체스터 비티 성서 파피루스처럼 성경 사본들도 있다. 이것들은 쿰란의 두루마리들이나 나그함마디의 영지주의 사본들처럼 고대의 종교적 공동체의 도서관에서 발굴되기도 한다. 하지만 그 성격이 어떠하든, 신약성경 연구를 위해 그것들은 설형문자 서판들이 구약성경 연구를 위해 중요한 만큼이나 중요하다.[17]

일반인들은 파피루스에 편지를 쓰거나 일반적 상거래 내용을 기록했다. 더 값싼 필기 재료로는 '도편'이라 불리는 도기 조각이 사용되었다. 도편에 새겨진 글은 천 년이 지나도 보존될 수 있다.

쓰레기 더미에서 발견된 조각들은 서민들의 일상 언어와 신약성경 기록 언어인 헬라어 간의 연관성을 보여준다. 이들을 비교해 보면 고전 문학의 헬라어와 신약성경의 헬라어 간의 차이점을 엿볼 수 있다. 파피루스 발견을 통해, 신약성경 헬라어가 서민들의 언

> 고고학적 발굴물을 넘어 하나님을 바라볼 때 영적 진리와 마주할 수 있다.

어와 매우 유사했다는 사실이 분명해진다.

1931년, 헬라어 성경의 파피루스 사본이 다량으로 발견되었다는 사실이 공개되었다. 체스터 비티 성서 파피루스로 알려진 그 사본들은, 이집트의 어떤 외진 교회에서 사용되었던 헬라어 성경 본문이며, 한 권의 책처럼 묶여져 있다.[18]

이것은 파피루스에 적은 11개의 사본 단편들로 이루어졌는데, 11개 중의 3개 속에 대부분의 신약성경 내용이 들어 있다. 단편 하나 속에 사복음서와 사도행전이 기록되어 있다. 바울 사본은 11개 중 가장 오래된 것으로서 3세기 초에 기록되었다. 거기에는 9편의 바울 서신과 히브리서, 요한계시록이 담겨 있다.

이 파피루스들은 훼손된 현재 상태에서도 신약성경의 초기 본문 역사를 증언하는 주요 증거 자료이다. 6장에서 언급했듯이, 요한복음은 A.D. 100년경 기록되었고, 그 파피루스 단편은 신약성경의 어떤 부분의 단편보다도 오래된 것이다.

비석들

돌에 새겨진 비문들도 소중한 정보원이다. 중부 그리스의 델피에 있는 석회석에 새겨진 클라우디우스 칙령이 한 예이다. F. F. 브루스는 이렇게 설명한다.

이 칙령은 A.D. 52년 상반기에 내려진 것으로 추측되며, 갈리오를 아가야 총독으로 언급한다. 다른 자료들을 통해 우리는 갈리오의 총독직이 단 1년 동안만 지속되었음을 알고 있다. 총독들은 7월 1일부터 임기를 맡기 때문에, 갈리오는 A.D. 51년 7월 1일에 총독이 된 것으로 추론된다. 그런데 갈리오의 아가야 총독직은 기간 면에서 1년 반 동안 진행된 바울의 고린도 사역과 겹친다사도행전 18:11-12. 따라서 클라우디우스의 비문은 바울의 사역 연대를 재구성하도록 도와준다.[19]

진정한 역사가 누가는 그의 복음서를 상세하고 정확하게 기록한 것으로 평가된다.

그 정확성을 보여주는 한 예는 아빌레네의 분봉왕 "루사니아"에 대한 언급이다누가복음 3:1. 이 사람은 A.D. 27년 세례 요한이 사역을 시작했을 당시의 통치자 중 하나였다. 누가복음 3:1에서 루사니아가 언급된 것은 실수로 간주되어 왔다. 왜냐하면 그 이름을 지닌 통치자로서 고대 역사가들을 통해 알려진 유일한 인물은 루사니아 왕이었고, 그는 B.C. 36년에 클레오파트라의 선동으로 말미암아 안토니에 의해 처형되었기 때문이다. 그때는 세례 요한의 활동 시기보다 무려 50여 년 이전이었다.

그러나 아빌라(다마스커스 북서쪽으로 30km 지점이며, 이 지명으로부터 아빌레네라는 영토 명이 생겼다)에서 발견된 한 헬라어 비문은 A.D. 14년부터 29년까지의 "분봉왕, 루사니아의 자유민" 님패오에 대해 언급한다. 이 시기는 누가가 언급한 시기와 비슷하다. 이로써 그 정확성이 다시 확인되었다.[20]

경건한 위조품이 아니다

고고학은 성경에 기록된 기사들을 확증해준다.

• 발굴된 동전들은 신약성경에 기록된 역사의 일부를 증명하는 배경 정보를 제시한다. 바울의 사역 연대를 입증하는 결정적 사항 중 하나는 베스도가 벨릭스를 대신하여 유대 총독이 된 때이다 사도행전 24:27. A.D. 59년경 네로 5년 때 새로운 유대 화폐가 등장했다. 이는 새 유대 총독이 취임했음을 시사한다.

• 신성한 부지들이 명확히 확인되었고, 위치도 많이 밝혀졌다.

• 예루살렘은 A.D. 70년 파괴되었고 A.D. 135년 그곳에 이교 도시가 새로 건립되었다. 이로 인해 사복음서와 사도행전에 언급된 예루살렘의 여러 장소들을 확인하기가 힘들어졌다. 그러나 성전 지대 또는 주님이 눈 먼 자를 보내어 씻게 하셨던 실로암못과 같은 곳들은 분명하게 확인되었다.

고고학은 성경 이해에 있어 귀한 도움이 된다. 그것은 애매해지거나 의혹스러울 수도 있는 것을 환히 밝혀주는 정보를 제시한다.

우리는 케이드 N. 쇼빌의 말에 공감할 수 있다. "성경이 경건한 위조품이 아님을 명료하게 입증해주는 분명한 증거가 고고학적 발굴을 통해 제시되어 왔다는 사실을 깨닫는 것이 중요하다. 지금까지 성경의 역사적 진술 중에서, 고고학적 증거에 기초하여 거짓으로 입증된 것은 하나도 없다."[21]

■ 보다 깊은 고찰을 위한 추천 도서

Currid, John D. *Archaeology in the Land of the Bible*. Grand Rapids, Mich.: Baker, 1999.

Free, Joseph P., and Howard Vos. *Archaeology and Bible History*. Grand Rapids, Mich.: Zondervan, 1992.

스터디 가이드

1. 본장에서 언급된 고고학적 발견 중에서, 어느 것이 가장 흥미롭고 인상적인가?

2. 성경이 진실하다면, 고고학은 성경 내용을 입증해줄 수 있을 뿐이다. 한때 그리스도인이 고고학적 발굴을 두려워했던 이유는 무엇일까?

3. 고고학자들이 성경 기사 속에서 오류를 발견하는 때는 언제인가?

4. 성경의 정확성을 입증하는 일과 관련하여, 고고학의 한계는 무엇인가?

5. 고고학이 성경의 진실성을 입증해준다는 사실은 당신의 믿음에 어떤 영향을 미치는가?

6. 당신이 불신자에게 그리스도의 말씀을 전하면서 성경과 관련된 고고학적 발견을 언급하고 싶은 때는 언제인가?

7. 몇 년 전, 지구의 자전이 하루 동안 멈췄다는 사실이 과학자들에 의해 입증되었다는 소문이 퍼졌다. 이는 여호수아가 전투를 위해 연장시켜달라고 하나님께 간구했던 시간 길이와 일치한다. 그 소문은 근거 없는 것으로 판명되었지만, 성경의 초자연적 측면들을 입증하기를 바라는 사람들의 마음을 반영한 것이었다. 당신도 이런 바람을 가진 적이 있는가? 그 이유는?

8. 당신은 그런 증거가 아직 믿음이 없는 자들에게 영향을 미칠 것이라고 생각하는가?

9. 예수 그리스도를 통해 하나님께 소망을 두는 이유들의 목록에 새로 깨달은 사항을 첨가해 보라.

오 | 늘 | 의 | 한 | 마 | 디

고고학은 하나님이 인류를 위한 당신의 메시지를 세심하게 보존하셨음을 입증해 준다.

Know
Why
You Believe

chapter **8**

이적은 가능한가

이적은 가능한가

"당신은 고래가 요나를 삼켰다는 것을 정말 믿는가? 당신은 그리스도께서 오병이어로 5천 명을 실제로 먹이셨다고 생각하는가?" 오늘날 많은 사람이 던지는 물음은 이외에도 다양하다. 어떤 이들은 성경 속에 나오는 이 '이적'들이 단지 영적 진리를 전달하기 위한 방편일 뿐이며 문자적으로 받아들일 필요는 없다고 본다.

하나님과 그분의 존재에 관한 모든 물음에 대해서와 마찬가지로, 이 물음 역시 근원적인 부분부터 분별할 필요가 있다. 그렇게 하지 않으면 잔가지만 건드리는 셈이다. 이적들을 이해하는 데 있어서는 특히 그렇다. 문제는 특정한 이적의 가능성이 아니라 이적이라는 개념 전체이다. 한 이적의 신빙성을 입증하는 것으로는 뿌리에 도달하지 못한다. 이적 전체의 가능성에 대한 의문이 풀려야 한다.

'하나님'이라는 개념

이적의 신빙성에 대한 물음은 예언이나 어떤 초자연적 행위의 타당성과도 연관된다. 이 모든 물음은 하나님을 사람과 유사한 존재로 보는 데서 비롯된다.

일단 하나님의 존재와 성품을 인정하면, 이적은 더 이상 문제가 되지 않는다. 하나님은 전능하시다. 그런 하나님이 계시지 않다면, 이적에 대한 생각은, 불가능하지는 않을지라도 어려워진다.

이 사실은, 어느 날 내가 친구인 한 일본인 교수와 더불어 그리스도의 신성에 관해 얘기를 나눌 때 매우 분명해졌다. "사람이 하나님이 될 수 있음을 믿는다는 것은 나로서는 너무 힘들어." 하고 그가 말했다. 그의 문제점을 직감한 나는, "맞아. 하지만 나는 하나님께서 사람이 되실 수는 있다고 믿어."라고 대답했다. 그는 그 차이점을 대번에 알아차렸고, 그리스도를 통해 하나님이 세상에 오신 사실을 얼마 지나지 않아 이해했으며 그리스도인이 되었다.

하나님이 자연법칙에 매이시는가

거꾸로 "우주를 만드신 전능자 하나님이 계시는가?"라는 질문을 던져 볼 수 있다. 그분이 계신다면, 우리는 이적을 받아들이는 것에 대해 별로 어려움을 느끼지 않을 것이다. 그분은 자신이 만드신 자연법칙을 초월하신다. 그분이 살아 계시고 활동하시며 강력하고, 자상하시다고 하는 우리의 기본적인 하나님관을 되돌아본다면, 이적에 관한 우리의 생각에 도움이 될 것이다.

철학자 흄과 같은 이들은 이적을 자연법칙 위반이라고 규정했다. 하지만 그런 입장은 사실상 자연법칙을 신격화한다. 그 결과 하나님을 자연법칙에 가두어 하나님이 되지 못하게 하려 한다.

현대 과학 시대에, 과학과 자연법칙을 인격화하는 것은 흔한 일이다. 이런 자세는 이 법칙들이 단지 비인격적 관찰 결과에 불과하다는 사실을 회피하며, 심지어 자연법칙을 신격화하기도 한다. 그리스도인은 자연법칙을, 언제나 일정한 것으로 관찰할 수 있는 인과 방식에 따른 작용으로 본다. 또한 성경은 원하시는 때에 임의로 자연법칙에 개입하실 수 있는 하나님의 권한과 능력을 제한하지 않는다. 하나님은 자연법칙 밖에, 위에 계시며, 자연법칙에 매이지 않으신다.

자연법칙은 궁극적 원인이 아니다. 단지 우리가 관찰하는 현상에 대한 묘사일 뿐이다.

이적이란 무엇인가

오늘날에는 이적이라는 단어가 막연하게 사용된다. 잔뜩 겁먹은 학생이 시험에 통과하면, 그는 "이건 기적이야!"라고 말한다. 낡은 경화물 승용차로 장거리 여행을 성공적으로 마칠 경우, 우리는 "이건 기적이야!"라고 말한다. 특이하거나 예기치 않은 일을 뜻하는 표현으로 사용하는 것이다. 꼭 하나님의 손길이 개입되었다는 뜻으로만 이해되는 게 아니다.

성경에 기록된 이적들은 하나님이 하신 일들이다. 이것은 우리가 일상 대화에서 쓰는 뜻과는 전혀 다르다. 성경에서 이적이라는 말은, 평범한 과정 속에 침투하고 개입하여 그것을 변화시키시는 하나님의 놀라우신 행사를 가리킨다.

- 성경은 여러 종류의 이적들을 기록하고 있으며, 이들 중 일부에 대해서는 '자연적 설명'이 가능하다. 예를 들어, 출애굽기 14장은 이스라엘의 출애굽을 돕기 위해 홍해를 가르시는 하나님에 관한 기사이다. 어떤 이들은 강풍에 의해 바다가 갈라졌다고 추측한다. 하나님의 개입 없이도 그런 일이 일어날 수 있었겠지만, 이적적인 부분은 '타이밍'이었다는 것이다. 이스라엘이 안전하게 건너편에 도착하고 애굽인들이 추격하는 상황에서 강풍이 그치고 바닷물이 원 상태로 돌아갔다. 이 타이밍은 하나님의 이적적 개입을 보여주는 증거이다.

- 반면 자연적 설명이 전혀 불가능한 이적들도 많다. 죽은 나사로의 부활과 예수 그리스도의 부활은 소위 자연법칙의 영역을 벗어난 능력에 의한 것이다. 예수님의 여러 치유 사례도 마찬가지다.

- 예수님의 치유 사례들을 심신상관적 개념으로 설명하고 싶을 때도 있지만, 분명 그것은 그 범주를 벗어난 것이다. 나병 치유 사례를 보면 그 점이 분명해진다. 나병은 심신상관적으로 생기는 병이 아니라 나균 감염에 의한 것이다. 치유받은 나환자들은 하나님의 직접적

| 예수님 자신이 이적적인 분이시다! | 능력을 경험했다. 또한 선천적 질병들이 치유된 사례들도 있다. 나면서부터 소경이었던 사람의 치유 사례를 심신상관적 측면에서 설명할 수는 |

없을 것이다요한복음 9장.

- 고대인들이 매우 무지하고 미신적이었다는 점도 흔히 지적된다. 오늘날 우리에게는 전혀 이적이 아니지만 무지했던 고대인들에게는 이적으로 여겨지는 것들이 많다. 현대 과학 덕분에 우리의 이해력은 급속도로 확장되었다. 우리가 제트기를 타고 원시 부족 머리 위로 날아간다면, 그들은 이 하늘을 나는 '새 신'bird god을 보고 땅에 엎드릴 것이다. 그들의 눈에는 제트기가 이적적 현상이며 이적일 것이다. 우리는 비행기란 단지 공기역학 원리를 적용하여 만든 것일 뿐이며 이적과는 전혀 무관하다는 것을 알고 있다.

그러나 소경의 경우는 달랐다. 사람들은 창세 이래로 나면서 소경되었던 자가 시력을 얻게 된 사례가 없다는 것을 알고 있었다. 그들은 바보가 아니었다. 소경을 고치신 예수님의 치유에 대해서는 현대 의학으로도 설명할 수가 없다. 예수님의 부활에 대해서도 마찬가지다. 그 누구도 설명하지 못한다. 우리는 성경의 초자연적 측면을 결코 간과할 수 없다.

자연법칙과 충돌되지 않음

우리는 성경에 언급된 이적들이 어떤 자연법칙과도 충돌하지 않는다는 점에 주목할 필요가 있다. J. N. 호손 교수는 이렇게 설명한다. "이적은 하나님에 의해 일어나는 특이한 사건이다. 그리고 자연법칙은 그분에 의해 일어나는 평범한 사건들을 일반화한 법칙이다."[1]

이적과 자연법칙의 관계에 대한 그리스도인의 견해는 두 가지로 나뉜다.

• 첫째, 이적이란 현재 우리에게 알려져 있지 않은 보다 높은 자연법칙에 따른 것이라고 보는 견해이다. 현대 과학의 갖가지 인상적 발견들에도 불구하고 우리는 여전히 무지라는 바다의 해안에 서 있다. 우리의 지식이 충분히 늘어나면, 이적이라고 생각했던 것들이 단지 우주의 보다 높은 법칙의 작용에 지나지 않음을 깨달을 것이다.

현대 과학적 의미에서, 법칙이란 규칙적이며 한결같은 것이다. 이적을 보다 높은 법칙의 결과로 본다면, 우리는 자연법칙에서 이탈되는 것은 아무 것도 받아들이지 않을 것이다.

• 둘째, 성경의 이적들을 하나님의 초자연적 능력의 주권적이고 초월적 행위로, 창조 행위로 보는 견해이다. 이것이 보다 타당한 것 같다.

성경의 이적들

성경의 이적들은 이교 문헌에 나오는 이적 기사들과는 달리 일시적이거나 허황되지 않다. 아무런 이유도 없이 난잡하게 기록되어 있는 것이 아니다. 성경의 이적들은 분명한 질서와 목적을 지니고 있다. 성경 역사의 다음 세 기간에 집중적으로 나타났다.

- 출애굽 시대
- 이스라엘을 인도했던 선지자들 시대
- 그리스도와 초대 교회 시대

성경에 기록된 이적들은 언제나 한 가지 분명한 목적을 지니고 있다. 그것은 바로 믿음을 굳건히 하는 것이다. 그것들은 메시지와 메시지를 전하는 자의 권위를 입증하거나, 고통을 해소시킴으로써 하나님의 사랑을 드러냈다. 유흥이나 마술쇼로 나타난 적이 없다.

이적은 개인적 특권이나 돈, 권력을 얻기 위해 행해진 적이 없다. 예수님은 광야에서 그런 목적으로 이적을 행하라는 유혹을 받았지만 결연히 거부하셨다. 예수님은 이적을 행할 때마다 하나님 중심주의를 강조하셨다누가복음 4:1-13 참조.

자신이 메시야이면 밝히 말하라는 유대인의 요청을 듣고, 예수님은 "내가 너희에게 말하였으되 믿지 아니하는도다 내가 내 아버지의 이름으로 행하는 일들이 나를 증거하는 것"이라고 대답하셨다요한복음 10:25. 또한 예수님은 어떤 사람의 주장을 믿지 못하겠다면 "행하는 그 일을 인하여" 믿으라고 하셨다요한복음 14:11.

하나님은 갓 탄생한 교회로 하여금 부활에 초점이 맞춰진 복음 메시지를 확신할 수 있게 하기 위해 이적을 사용하셨다. 사도행전에 주목하라.

지금은 왜 기적이 일어나지 않는가

사람들은 종종 이렇게 말한다. "하나님이 옛날에 이적을 일으키셨다면, 왜 지금은 일으키지 않으실까? 이적을 본다면 믿을 수 있을텐데!" 이 질문에 대해서는 예수께서 직접 대답하셨다.

그분은 지옥의 고통에 시달리는 한 부자에 대해 말씀하셨다. 그는 아브라함에게 간청하기를, 자신의 다섯 형제에게 누군가를 보내어 그 끔찍한 지옥으로 오지 못하도록 경고해 달라고 했다. 아브라함은 그 형제들이 성경을 보면 된다고 말했다. 하지만 부자는, 누군가 죽었다가 다시 살아나면 그 이적을 본 형제들이 현재의 삶에서 돌이켜 예수님을 따를 것이라고 했다. 그때 주어진 대답은 오늘날에도 똑같이 적용된다.

"모세와 선지자들에게 듣지 아니하면 비록 죽은 자 가운데서 살아나는 자가 있을지라도 권함을 받지 아니하리라" 누가복음 16:31.

예수님의 이 말씀은 오늘날 문화적 기준들의 압박을 받고 있는 우리에게도 시사하는 바가 크다. 자신도 모르는 사이 우리의 합리주의적 가정은 이적의 가능성 자체를 배제시킨다. 우리의 포스트모더니즘적 사고는 이적을 불가능한 것으로 생각하게 한다. 아무리 많은 증거가 제시되어도 우리는 이적을 믿지 않을 것이다. 그 대신 자연적 설명으로 대신하려 할 것이다.

> 이적들은 자연에 반하지만 단지 우리가 알고 있는 자연에 대해 반할 뿐이다.

성경의 이적들은 언제나 분명한 목적을 지니고 있었다. 예수님의 권능을 보았던 사람들이 여러 차례에 걸쳐 마법을 더 많이 보여 달라고 요청했다.

하지만 예수님은 영적 진리를 가르치시며 자신의 정체와 하나님 아버지의 권능을 드러내는 것이 유일한 목적임을 거듭 강조하셨다. 그분은 우리에게 풍성한 생명을 주고 하나님을 계시하기 위해 오셨다. "은혜와 진리는 예수 그리스도로 말미암아 온 것"이다요한복음 1:17. 모든 이적은 이 목적을 위한 것이다.

믿을 만한 기록들이 이적을 증거한다

오늘날에는 이적이 신앙의 근거로서 꼭 필요한 것은 아니다. 왜냐하면 우리는 하나님의 진리를 너무도 정확히 알려주는 탁월한 기록들을 가지고 있기 때문이다. 램은 이렇게 설명한다. "이적들이 감지될 수 있다면, 그것들은 기록된 증언 자료로 만들어질 수 있다. 그것들이 정확히 조사될 수 있다면, 기록된 증언은 이적을 직접 보는 것과 같은 신빙성을 지닌다."[2]

세상의 모든 재판은 말이나 기록에 의한 믿을 만한 증언에 기초하여 진행된다. "나사로가 다시 살아난 일을 요한이 실제로 목격했고 정확한 기억에 근거하여 신실하게 기록했다면, 증거의 목적상 그 기록은 우리가 직접 그 이적을 본 것과 똑같다."[3] 이어서 램은 성경에 기록된 이적들이 정확하고 신뢰할 만한 증언임을 우리가 알 수 있는 이유들을 열거한다.

- 첫째, 예수님의 이적들은 공개적으로 행해졌다. 한두 사람 앞에서 은밀하게 시행된 것이 아니다. 즉석에서 그 이적을 조사할 기회가 충분히 있었다. 예수님의 대적자들이 그 이적을 결코 부인하지 않았다는 점은 매우 인상적이다. 그들은 그 이적을 나사로가 다시 살아난 사실에 대해서처럼 사단의 능력으로 여기거나, 그 증거를 없애려 하지도 않았다. 결국 그들은 "일어난 일이 사람들에게 알려져서 온 세상이 그를 따르기 전에 그를 죽이자."라고 말했던 셈이다.

- 둘째, 예수님의 이적은 불신자들 앞에서 행해졌다. 이와는 대조적으로 이단들이나 이상한 단체들은 외부인들이 지켜보는 자리에서는 이적을 행하지 않는다고 한다. 예수님의 경우에는 그렇지 않았다.

- 셋째, 예수님의 이적들은 3년의 사역 기간 동안 다양하게 행해졌다. 물을 포도주로 변하게 하신 것처럼, 자연을 다스리는 능력을 나타내셨고, 나병 환자들과 소경을 고치신 것처럼, 질병들을 제압하셨다. 귀신들을 쫓아내셨고, 무화과나무 아래 있던 나다나엘을 아셨던 것처럼 초자연적 지식을 보이셨다. 그분은 몇 조각의 떡과 생선으로 오천 명을 먹임으로써 창조의 권능을 나타내셨다. 풍랑을 잠잠케 함으로써 자연을 제어하는 능력을 보여주셨다. 마지막으로 나사로와 몇몇 사람을 죽은 상태로부터 다시 살림으로써 사망을 제어하는 능력을 드러내셨다.

* 넷째, 치유받은 자의 증언은 부인할 수 없다. 앞에서 보았듯이, 나사로처럼 예수님의 치유를 경험한 사람들은 심신상관적 질병을 앓거나 오진을 받은 이들이 아니었다.

* 다섯째, 다른 종교들과 비교해 볼 때, 나사렛 예수님에 관한 신약성경 기사들은 그 특성이나 목적 면에서 매우 독특하다. 이들은 전체 메시지, 즉 그분의 탄생, 죄 사함에 관한 메시지, 그분의 죽음과 부활이라는 메시지의 부분들이다.

다른 종교에서는 그 종교를 이미 믿기 때문에 이적들도 믿는다. 그러나 성경적 신앙에서는 이적이란 참된 종교를 뒷받침하는 방편의 일부이다.

이 차이점은 매우 중요하다. 이스라엘이라는 나라는 일련의 이적들을 통해 존재하게 되었고, 구약성경의 오경에는 초자연적 이적들이 많이 나온다. 많은 선지자들이 이적을 행사함으로써 자신이 하나님의 대변자임을 알렸다. 예수님은 말씀을 전할 뿐만 아니라 이적도 행하셨고, 사도들도 이따금 이적을 행했다. 그 이적들을 통해 신앙의 진실성이 입증되었다.[4]

C. S. 루이스가 말했듯이, "이적적 부분이 제거되더라도 힌두교의 본질은 훼손되지 않을 것이며, 이슬람교에 대해서도 거의 마찬가지다. 그러나 기독교에 있어서는 그럴 수가 없다. 기독교는 그 자체가 위대한 이적에 관한 이야기이다. 자연주의적 기독교는 특별히 기독교적인 모든 것을 배제시킨다."[5]

이교의 이적

이교의 이적들은 그 목적이나 권위 면에서 성경 속 이적들과 다르다. 가장 중요한 사실은, 이교적이거나 세속적인 기록들에서는 이적들의 전체적인 메시지가 간과되고 있다는 것이다. 이 사실을 잘 고려할 때 우리는 모든 주장의 진위를 보다 정확히 분별할 수 있을 것이다.

우리 시대에 이적이라고 주장되는 것들에 대해서도 동일한 판단 기준을 적용하면 올바른 판단을 내리는 데 도움이 된다. 성경에 기록된 이적들의 일관성과 진정성은 우리 시대의 소위 이적이나 기적적 치유 사례로 주장되는 것들을 판단하는 기준이 될 수 있다. 이들은 철저한 조사를 견뎌내지 못할 것이다. 이들을 대충 살펴보아도 성경의 이적들과는 같지 않음을 알게 될 것이다. 일부 이적들이 가짜인 것으로 판명 난다고 해서 모든 이적이 가짜인 것은 아니지만, 모든 이적에 대해 의구심을 품게 하기에는 충분하다.

과장된 보도

특히 예수님의 제자들에 의한 과장된 보도라는 개념에 근거하여 이적을 무시하려는 사람들이 있어 왔다. 대체로 우리는 사람들이 어떤 사건이나 자기가 받은 인상을 부정확하게 보도하는 경향이 있다는 점을 인정한다.

귓속말로 이야기를 전하는 게임을 해보아도 우리는 그 이야기가 와

> 성경에서는 이적들이 아무렇게나 행해지지 않는다. 이들은 하나님이 인정된 메신저들을 통해 당신의 백성에게 말씀하실 때 등장한다.

전되는 것을 쉽게 경험한다. 이런 경향에 근거하여, 혹자는 사람의 보도란 그리 믿을 만한 게 아니라는 확신을 피력한다. 따라서 복음서에 기록된 이적 기사들도 부정확하고 공상적인 사람들의 그릇된 관찰 내용이라는 것이다.

그러나 이런 경향에도 불구하고, 법정의 역할은 중단되지 않으며, 여전히 증인들은 매우 유용한 정보를 제시할 수 있는 이들로 간주된다.

자동차 사고에 대해 어떤 의문점들이 남을 수도 있지만, 목격자의 상세한 증언을 통해 사고 시간과 차량의 속도와 사고 지점 등이 밝혀질 수 있다. 목격자들의 증언이 일치하지 않는다고 해서 사고 자체가 발생하지 않았다고 말할 수는 없다. 램이 설명했듯이, 부서진 차량들과 다친 사람들이 누구나 공감할 수밖에 없는 확실한 증거이다.[6]

물론 증언의 신뢰성 같은 문제들을 논증하는 데에는 한계가 있다. 예를 들어, 한 사람이 다른 사람의 증언을 신뢰할 수 없다고 말한다면, 그 자신의 증언도 신뢰받을 수 없을 가능성이 똑같이 있는 셈이다.

신자들은 객관적일 수 없다

이적이 신자들에 의해 전해졌고 따라서 객관적이지 않으므로 무시되어야 한다고 보는 견해도 있다. 하지만 제자들은 이적을 직접 목격했던 자들이다. 그들이 제자였다는 사실은 중요하지 않다. 문제는 과연 그들이 진실을 말했는지 여부이다. 앞에서 보았듯이, 목격자의 증언이 최선의 증거이며, 대부분의 제자들은 자신의 목숨을 걸고 진실을 증언했다.

법정에서, 우리는 증인의 객관성을 확보하기 위해 사고 현장에 없었던, 사고와는 아무 상관 없는 자들의 말만 경청하지는 않는다. 또한 목격자들이나 피해자들이 편파적일 것이므로 그들의 증언을 무시해야 한다고 하지 않는다. 핵심적 문제는 사건 현장과의 근접성이나 연관성이 아니라 진실성이다.

철학적 물음

이적이 가능한지에 대한 물음은 근본적으로 과학적인 것이 아니라 철학적이다. 과학은 보통의 자연 과정에서는 이적이 발생하지 않는다고 말할 뿐이다. 과학은 이적을 금하지 못한다. 왜냐하면 자연법칙이 무엇을 야기하거나 금하지는 못하기 때문이다. 자연법칙은 발생한 현상에 대한 묘사일 뿐이다.

그리스도인도 자연법칙 개념을 받아들인다. "유신론적 이적 교리에 있어서는 자연법칙이 일상사에서 한결같다는, 즉 예측될 수 있다는 사실이 매우 중요하다. 자연법칙이 임의적이라면, 즉 예측될 수 없다면, 이적들도 간파될 수 없을 것이다."[7]

그리스도인과 무신론적 과학자의 차이점은 철학적이다. 왜냐하면 각자 나름대로의 전제를 품고 있기 때문이다. 따라서 무엇인가를 이적으로 볼 수 있는 가능성은 우리의 가설이나 관점 또는 세계관에 의존한다.

그러면 그리스도인의 가설은 무엇인가? '하나님이 존재하시며, 자연법칙을 만드셨고, 그것을 깨트리실 수 있으며, 자연법칙에 개입하실 수도 있다.' 초자연적이며 인격적이신 하나님이 자연적이거나 영적인 모든 현상의 근원이시다. G. K. 체스터턴은 이렇게 말했다. "이적은 놀랍지만 간단하다. 그 이유는 이적이기 때문이다. 그것은 자연이나 인간의 의지를 통한 간접적 방법이 아니라 하나님으로부터 직접 임하는 능력이다."[8]

그렇다면 불가지론자나 무신론자인 과학자의 가설은 무엇일까? '하나님은 존재하지 않으며 존재할 수도 없다.' 과학자들은 그리스도인이 아니라면 모든 판단과 견해의 근거를 자연적이며 물질적 관찰에 둔다. 이 가설에서는 초자연적인 것은 고려되지 않는다. 과학자는 "이적에 관한 기록이 역사적으로 신뢰할 수 있는 것인가?"라고만 물을 뿐이며, 더 이상 나아가진 않을 것이다.

요컨대 성경의 이적들은 별 의미도 없는 부속물에 불과한 것이 아니라 우리와 교류하기 위해 하나님이 특별히 사용하시는 중요한 방편의 일부이다.

또한 그것은 '하나님이 존재하시는가?'라는 궁극적 물음으로 우리를 이끈다. 이 물음에 답하면 이적에 대한 의문은 저절로 풀린다. 자연법칙의 한결같음은 그것을 지으신 전능자에 의존한다. 그분은 주권적 목적을 이루기 위해 자연법칙을 초월하실 수 있다.

■ 보다 깊은 고찰을 위한 추천 도서

Connelly, Doug. *Miracles*. Downers Grove, Ill.: InterVarsity Press, 1998.

Fischer, Robert B. *God Did It, But How?* Relationship Between the Bible and Science. Ipswich, Mass.: American Scientific Affiliation, 1997.

Lewis, C. S. *Miracles*. New York: Simon & Schuster, 1996.『기적』, 2008년, 홍성사.

스 | 터 | 디 | 가 | 이 | 드

1. 복음서에 나타난 그리스도의 이적들에 관해 읽고, 당신은 무슨 생각을 했는가?

2. '자연법칙'이라는 말을 그리스도인은 어떤 의미로 사용하는가?

3. 하나님은 자연법칙의 지배를 받으시는가?

4. 자연법칙과 이적은 서로 어떤 관계인가?

5. 어떤 건강 전문가들은 모든 질병의 85%가 마음의 병이라고 믿는다. 당신은 그리스도께서 치유하셨던 질병들이 모두 마음의 병이었다고 믿는가?

6. 성경의 이적들이 실현한 두 가지 목적은 무엇인가?

7. 본장의 주장에 의하면, 하나님의 온전한 계시가 성경 속에 들어있으므로 과학 지향적인 우리의 세대에는 더 이상 새로운 이적이 필요하지 않다고 한다. 당신은 이 주장에 동의하는가? 그 이유는?

8. 성경이 '고통 경감을 통해 하나님의 사랑을 드러내는' 이적의 목적을 실현시켜 준다고 믿는가? 그 이유는?

9. 믿음을 공고히 하고 고통 경감을 통해 하나님의 사랑을 드러내시려는 목적을 실현하기 위해 하나님이 사용하시는 다른 방법으로는 이적 외에 어떤 것들이 있을까?

10. 성경적 이적과 '이교적' 이적의 차이점을 어떻게 설명할 수 있을까?

11. 그리스도의 이적들에 대한 제자들의 증언을 거부하기 위해 제시된 근거들은 무엇인가?

12. 당신은 이 비판들이 얼마나 타당하다고 생각하는가?

13. 어떤 사람이 이적이나 예언에 대해 의혹을 표할 때, 그 이면에 보다 깊은 문제가 자리 잡고 있는 경우가 많다. 당신은 그 불신의 뿌리를 어떻게 파악할 수 있는가?

14. 예수 그리스도를 통해 하나님께 소망을 두는 이유들의 목록에 새로 깨달은 사항을 첨가해 보라.

오 | 늘 | 의 | 한 | 마 | 디

예수님 자신이 분명하고도 영원한 이적이시다.

Know Why You Believe

chapter **9**

과학과 성경은 일치하는가

과학과 성경은 일치하는가

'과학과 성경이 서로 일치하는가?'라는 물음만큼 논란이 분분한 것도 드물다. 이들 간에는 분명 충돌이 존재한다. 성경의 실제 내용을 잘못 이해한 그리스도인이 있다. 다른 한편으로는, 자신의 철학적 해석이 과학적 사실과 동일하다고 주장하는, 즉 과학주의를 주장하는 과학자들이 있다. 이 해석들이 성경과 일치하지 않을 경우에는 문제가 생긴다.

"과학자들과 그리스도인이 의견 차이를 보이는 경우가 있는가?"라는 물음에 대해서는 곧바로 "그렇다!"로 대답해야 할 것이다. 지구의 공전을 주장했던 갈릴레오에 대한 교황의 핍박, 학교에서 창조론이나 진화론을 가르치는 일과 관련된 1925년의 스콥스 재판, 혹은 2세기 전 윌버포스와 헉슬리 간에 전개된 노예제도 논쟁 등만을 상기해도 이점은 분명해진다.

선의의 그리스도인

이 문제의 일부는 선의를 지녔으되 잘못 알고 있는 그리스도인으로 인해 생겨난다. 그들은 성경의 실제 내용을 잘못 이해하고 있다. 고전적인 한 사례는 셰익스피어의 동시대인이었던 제임스 어셔 주교1581-1656에 의해 산정된 성경 연대이다. 그는 성경에 기록된 족보들로부터 일련의 연대들을 산출하여 B.C. 4004년에 세상이 창조되었다고 결론지었다.

버트런드 러셀을 포함한 많은 회의론자들은 모든 그리스도인이 실제로 천지창조 시점을 B.C. 4004년으로 본다고 생각한다. 얼마 전 나는 미국 중서부 한 대학 캠퍼스에서 어느 학생을 만났다. 그는 서구 문명과 관련된 OX 문제를 보여주었다. 그중에, "성경에 의하면, 세상은 B.C. 4004년에 창조되었다."라는 문제가 있었다.

"이 문제를 낸 분은 O를 정답으로 생각하겠군요." 하고 내가 말했다.

"맞아요." 하고 그 학생이 대답했다.

나는 호주머니에서 성경책을 끄집어내며, "그렇게 기록된 성경 구절을 내게 보여줄 수 있겠어요?"라고 말했다.

창세기의 첫 페이지에서 그 날짜를 찾지 못한 학생은 당황했다.

함께 있던 한 그리스도인 학생이 "그건 3페이지에 있어요." 하고 거들었다.

　일부 영어 성경에 적힌 어셔의 연대 표시가 성경 원문에는 없다는 사실을 그 학생들은 둘 다 모르고 있었다.

　그런가 하면, 사실과 무관한 연대를 언급하는 과학자들도 있다. 이런 언급들은 철학적 연대 해석이며, 정확성과는 거리가 멀다. 안타깝게도, 자료를 접하는 자들의 눈에는 사실과 해석이 좀처럼 구분되지 않는다.

과학자가 말할 때

　어떤 주제에 대해 과학자가 말하면 사람들이 쉽게 믿는 경향이 있다. 자신의 전문 영역 밖의 일을 말해도, 그의 전문 분야에 대한 존중심이 무의식적으로 사람들에게 전달된다. 사람들은 그의 학식을 신뢰하려 한다. 유명한 작가이자 코넬대학에서 천문학과 교수로 재직했던 칼 세이건이, 순전히 개인적 철학 개념을 내세움으로써 과학을 넘어 '과학주의'에 빠진 사례를 얼마 전 보여주었다. '유에스 뉴스 앤드 월드 리포트' 측이 과학과 종교에 관한 주제를 놓고 세이건과 인터뷰했다. 과학은 그의 분야였지만, 종교는 분명 그의 분야가 아니었다. 하지만 그는 종교적 견해를 과감하게 피력했다. "우주는 예나 지금이나 장래에나 같은 모습이다", "우리에게 중요한 것은 우리 스스로가 만들어가는 것이다", "우리가 우리 자신보다 더 큰 힘을 숭배해야 한다면, 해와 별들을 숭배하는 것이 타당하지 않을까?" 그러나 그의 말처럼

"자연이 맹목적인 우연의 결과이며 무의미한 과정의 일부"라면, 왜 우리가 그것을 숭배해야겠는가?[1]

믿음에 대한 의혹

과학적 방법에 의해 입증될 수 없는 것들도 분명히 실재하는지 여부를 묻는 물음에 대해서도 논란이 분분하다. 어떤 이들은 의식적으로, 또 어떤 이들은 무의식적으로, 자연 과학의 방법으로 실험실에서 입증될 수 없는 진술이란 신뢰받을 수 없는 것이라고 생각한다. 과학의 발견은 객관적이며 따라서 실재적인 것으로 간주된다. 반면 믿음으로 받아들여져야 하는 것은 의심스럽게 여겨진다.

널리 존경받는 생물학자 E. O. 윌슨은 『인간 본성에 대하여』라는 책에서 이런 입장을 잘 보여준다. "과학적 자연주의의 최종적이고 결정적인 강점은 그것의 주요 경쟁자인 전통적 종교를 철저히 물질적 현상으로 설명하는 역량에서 드러날 것이다."[2]

하지만 실험실을 통하지 않고서도 실재적이며 참된 지식을 얻을 수 있다. 사랑에 빠지는 과정을 생각해 보라. 분명 이것은 실험실에서 진행되는 것이 아니다. 그러나 사랑을 경험해 본 사람이라면 사랑에 대한 자신의 지식이 불확실하거나 비실재적이라고 말하지 않을 것이다. 참되며 합리적으로 정당화될 수 있는 신념들이 과학 밖에도 많이 존재한다.[3] 방법은 물리적으로 측정될 수 있는 실재들에 대해서만 유효하다.

하나님은 과학을 통해 고찰될 수 있는 자연 세계와는 다른 종류의 실재이시다. 하나님은 사람들의 경험적 탐구를 기다리지 않으신다. 그분은 시간과 공간을 초월하여 계시는 영적 존재이시다. 하지만 그분은 역사 속에서 자신을 계시하시며 각 성도의 심령 속에 임재하시는 '인격적 존재'이시다.

과학자도 믿음을 활용한다

믿음은 실제 인식을 훼방하지 않는다. 사실 과학 그 자체도 탐구가 가능하기 전 믿음으로 받아들여져야 하는 가설에 의존한다.

우주는 질서 정연하다

우주는 일정한 패턴에 따라 움직이며, 따라서 관찰될 수 있고 움직임을 예측할 수 있다. 예를 들면, 사과는 언제나 밑으로 떨어지며 위로 떠오르지 않을 것이다.

객관적 진리가 존재한다

과학자의 연구 대상이 물질적이며 자연적인 것뿐이라면, 과학자의 모든 노력은 자연 현상에만 국한될 것이다. 과학자가 받아들이는 진리는 이 측정 가능한 영역을 넘지 못할 것이다. 현미경이나 망원경으로 관찰될 수 없는 것들은 존재하지 않는다는 가설이 그런 사고의 근저에 자리 잡고 있다.

감각을 통한 인식의 신뢰성

이것은 믿음으로 받아들여져야 하는 또 하나의 비물리적 가설이다. 과학자는 우리의 감각이 우주를 올바로 묘사하며, 그 질서를 제대로 이해할 수 있을 정도로 충분히 신뢰할 만하다는 점을 믿어야 한다.

실험의 반복성

한 과학자의 연구 결과가 발표되고, 다른 과학자에 의해 그 과정이 반복될 때, 그 결과는 동일해야 한다. 수소와 산소를 적절한 비율로 섞으면 물이 생긴다. 그러나 앞에서 논의했듯이, 역사처럼 실험실에서 반복될 수 없는 것들도 많다.

여기서 우리는, 오늘날 우리가 알고 있는 것과 같은 과학적 방법이 16세기 그리스도인에 의해 시작되었다는 사실에 주목해야 한다. 그들은 우주를 변덕스럽고 불규칙적이며 체계적으로 연구될 수 없는 것으로 보았던 헬라의 다신론적 개념을 타파했다. 그리고 우주가 지성을 가진 창조주의 작품이므로 질서 정연하며 탐구할 만한 가치를 지닌다고 생각했다. 과학적 탐구 과정에 있어서 그들은 하나님의 생각을 따르고 있음을 확신했다.

많은 사람은 과학이 측정 대상들에 대해 가치 판단을 내리지는 못한다고 생각한다. 과학자들 중에는, 과학 자체가 자신의 발견들을 올바로 적용하도록 인도해주지는 않는다는 점을 자각하는 이들이 많다. 핵에너지가 도시나 암 중에서 어떤 것을 파괴하는 데 사용될지 과학 자체가 결정해주지는 않는다. 이것은 과학의 범위 밖에 있는 판단이다.

과학은 무엇인가가 어떻게 작동하는지 알려주지만 왜 특정한 방식으로 작동하는지에 대해서는 알려주지 못한다. 우주에 어떤 목적이 있는지 여부는 결코 과학에 의해 답변될 수 없다. 어느 작가가 말했듯이, 과학은 '노하우'know-how를 제시할 수 있지만, '노와이'know-why를 제시하지는 못한다.[4] 정보는 계시에 의존하며, 계시가 없다면 정보는 너무나 불완전해진다.

양측이 모두 가설을 지니고 있다

누구나 세계관과 가설 체계를 지니고 있으며, 이를 통해 다른 모든 정보를 거른다. 그리스도인은 과학이 진리 발견을 위한 한 방편이라고 믿는다. 하나님은 존재하시며, 당신의 피조물 속에서 역사하신다. 그리스도인은 이성이나 지성과 초자연적 하나님에 대한 신앙 간의 부조화를 전혀 느끼지 않는다. 과학자인 그리스도인은 자신을 지적인 정신분열병 환자로 보는 것이 아니라 현대 과학을 세웠던 그리스도인의 발자취를 따라가고 있다고 본다.

윌리엄 페일리는 다음과 같이 설명했다.

내가 길에서 시계를 하나 주워서는 그것이 어떻게 그 장소에 있게 되었을까 곰곰이 생각한다고 가정하자. 나는 그 시계가 원래부터 늘 그 자리에 있었다고 대답하진 않을 것이다. 이전부터 존재했던 누군가가 그것을 만들었을 것이다……그 구조를 이해하고 그 용도를 설계한 사람이 반드시

있었을 것이다.⁵⁾

이것은 그리스도인의 가설에 대해 설명해준다. 세상이 만들어지기 전 창조주 하나님이 존재하셨다. 그분은 세상을 디자인하고 지으신 '조물주'이시다. 과학은 다른 모든 자료와 함께, 하나님께 초점이 맞춰진 필터를 거친다.

성경의 모든 계시는, 하나님이 자신을 계시해 오셨고 그분이 창조주시라는 전제를 바탕으로 한다. 예수님은 "진리를 알지니 진리가 너희를 자유케 하리라"고 말씀하셨다요한복음 8:32. 진리와 오류를 구별하는 것은 가능하다.

반면 불가지론자 또는 무신론자인 과학자는 그리스도인의 가설과는 전혀 다른 가설을 가지고 있다. 매우 상세하고 복잡한 발견에도 불구하고, 다윈의 기본적 진화론은 굳건히 존속되고 있다. 돌연변이와 자연도태 이론에 집착하는 과학자들이 많다. 무신론자인 리처드 도킨스는, 우리의 마음을 포함한 모든 것이 물질적 토대와 연결될 수 있다고 주장한다. "우리는 생존 기계들이다. 유전자로 알려진 이기적인 DNA의 미분자들을 보존하기 위해 맹목적으로 설계된 로봇인 것이다." 그후 그는 자신의 입장을 재고한 것 같다. "한 권의 물리학 서적으로 묘사할 수 있는 현상들을 다 합쳐도 생명체의 세포 하나보다 더 간단하다."⁶⁾

페일리의 시계 제조공 비유는 그 반박될 수 없는 논리로 인해 지금도 적지 않은 관심을 끌고 있다. 하지만 『눈먼 시계공』*The Biblical*

*Watchmaker*이라는 책에서, 도킨스는 페일리의 '조물주' 개념을 비난하며 시계라는 존재에 대해 설명하기 위해 자연도태 이론을 옹호한다. "시계는 생각이 없다. 미래를 계획하지 않는다. 비전이나 선견지명을 갖고 있지도 않다. 자연 속에 시계 제조공의 역할을 맡은 존재가 있다면 그는 맹목적인 시계 제조공일 뿐이다."[7]

개봉된 블랙박스

시계 제조공 비유를 이용한 논의들은 자연의 생명체와 관련하여 불가사의함과 놀라움을 갖게 만들었다. 분자 생물학자 마이클 베히는 『다윈의 블랙박스』라는 책에서, 혈액 응고나 시각 인지 과정과 같이 생명체에 반드시 필요한 몇몇 과정들을 설명한다. 다윈은 가시적 변이 과정을 설명해주는 점차적인 변화들을 인식할 수는 있었지만, 분자 차원의 복잡한 과정들에 대해서는 아무 것도 몰랐다.

베히는 한 예로, 빛을 접한 눈의 망막이 어떻게 그 자체를 조절하는지 설명한다. 빛이 망막을 치면, 광양자(빛의 에너지)가 '11-시스 레티날'(비타민 A의 산화물)이라 불리는 분자와 상호작용을 하여, 피코세컨드 내에 투명한 망막으로 변하게 한다(피코세컨드란 머리카락 한 가닥 정도의 넓이만큼 빛이 이동하는 시간을 가리킨다).[8] 각 단계가 다음 단계를 위해 필수적인, 연속적 화학 반응이 계속 일어나며, 이 모든 반응은 보기 위해 반드시 필요하다. 지적 설계론 외에는 그 어떤 가설도 이 모든 반응을 설명해주지 못한다. 이 반응 중 어느 하나만 누락

되어도, 우리는 보지 못할 것이다. 이 모든 반응의 순서가 과연 점진적 과정을 통해 저절로 이루어질 수 있겠는가? 여기서 생화학은 우리로 하여금 어떤 설계자에 대한 신념을 갖게 한다.

다른 유사한 예화들도 있다. 6-8만 개로 추정되는 인간 게놈 유전자의 세밀한 작용도 지성을 가진 창조주의 존재를 말해준다. 우리의 DNA와 단백질과 RNA는 키, 머리털, 눈동자의 색, 지문, 뇌세포와 같은 개인적 특성들을 세밀하게 담고 있는 정보은행이다. 일란성 쌍생아를 제외한 모든 개인 각자는 자신만의 독특한 유전 프로필을 가지고 있다. 각자의 나선형 화학 구조가 너무나 정교하고 독특하므로, 베히는 고도의 지적 능력을 지닌 설계자의 존재를 인정할 수밖에 없다고 결론짓는다. 그는 인간 게놈을 가리켜, '단 하나도 무시될 수 없는, 환원불가의 복잡성'이라고 묘사한다.[9]

베히는 단일한 분자의 '환원불가성' 개념을 간단한 쥐덫 구조를 통해 설명한다. 쥐덫을 만들려면 나무, 스프링, 먹이와 연결되는 지레 등이 모두 필요하다. 이 중 하나만 빠져도 쥐를 잡지 못할

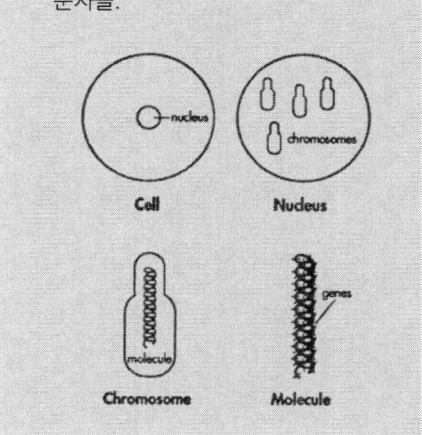

환원불가의 복잡성의 사례들

- DNA – 생명 구조의 청사진을 담은 분자들.
- RNA – 그 청사진을 DNA로부터 특정 단백질로 옮기는 분자들.
- 단백질 – 생명 분자들을 만들고 복구하기 위해 그 청사진의 지시를 따르는 분자들.

것이다. 마찬가지로, 쥐덫과 비교할 수 없을 정도로 훨씬 복잡하긴 하지만 분자 역시 환원될 수 없는 복합체이다.

분자 구조는 우주선이나 컴퓨터처럼 정밀하게 설계된 것이다. 당신이 시각과 같은 어떤 생물학적 능력을 작용하게 만드는 분자 구조를 설명하지 못한다면, 그것의 기원도 설명하지 못할 것이다.[10]

믿기 힘들 정도인 이 복합체가 같은 시간과 장소에서 마주친 분자들의 우연한 결합에 의해 생겨날 수 있을까? 이는 통계적 가능성의 범위를 넘어선 것이다. '지적 설계'가 있었던 것이 분명하다. 그럼에도 불구하고, 다윈의 진화론적 과학은 설명할 수 없는 이 복잡한 자연 현상들을 놓고 설계자의 존재 가능성마저 부정한다.

'진화'라는 용어가 사용될 때마다, 우리는 그것이 어떤 의미로 사용되었는지 이해할 필요가 있다.

진화론적 세계관을 지닌 자들은 우주가 오직 돌연변이와 자연도태라는 자연적 과정들을 토대로 영원히 진화한다고 믿는다. 우연에 의존하는 그 과정은 '적자생존' 과정이며, 이것은 두 가지 범주를 통해 고찰될 수 있다.

- 첫째는 '소진화'이다. 이것은 지속적 변화나 발전의 과정이지만 '종' species 내에서만 진행된다. 스웨덴의 자연과학자 카롤루스 린네우스는, 종이란 모든 동식물을 일곱 가지로 분류한 것 중 하나라고 설명한다. 그 일곱 종류는 이렇다. (1) 계, (2) 문, (3) 강, (4) 목, (5) 과, (6) 속, (7) 종. 계는 가장 큰 그룹이며, 종은 가장 작은 그룹이다. 같은 종

에 속한 것들은 큰 유사성을 보이며 대체로 이들 간에만 교배가 이루어진다. 진화론자 G. A. 커쿳은 소진화를 이렇게 묘사했다. "많은 짐승들에게서 엿볼 수 있듯이, 오랜 세월 변화를 거쳐 새로운 변종들이 나타난다."[11] 여기서 강조점은 '같은 종 안에서'의 변화임에 주목하라.

소진화에서는 새로운 변종이 염색체 변화나 유전자 돌연변이 또는 교잡으로 인해 만들어질 수 있다. 이 변화는 언제나 개개의 종 안에서 일어난다. 따라서 "말은 여전히 말이다." 또는, "원생동물은 사람이 될 수 없다."

예를 들어, 지렁이의 유전자 안에서 돌연변이가 생겨서 찌르레기의 공격에 더 잘 대처하게 한다면, 이 지렁이는 생존 경쟁에 있어 더 유리해질 것이다. 이 돌연변이가 지렁이를 향상시키지만, 지렁이가 아닌 어떤 것으로 변화시키지는 않는다. 이것은 같은 종 안에서 일어나는 소진화이다.

소진화는 새로운 변종들이 나타나게 하지만 상위의 분류군으로 변화시키지는 않는다. 소진화에 대한 증거는 풍부하며, 현대의 많은 그리스도인 학자들도 이 같은 소진화가 일어난다는 사실에 동의한다.[12]

- 두 번째 견해는 '대진화'이다. 이것은 유전자 정보의 변화와 돌연변이나 자연도태의 집적을 통해 더 높고 보다 복잡한 분류군으로 변하는 것이다.

약리학 교수 A. E. 윌더-스미스는 이렇게 지적한다. "우연과 아울러 이 요소들은 물고기에게 다리가 생기게 하기 위해, 그래서 물고기로 하여금 물을 떠나 땅에서 걸을 수 있게 하기 위해 필요한 정보를 제공하지는 못한다. 예를 들어, 고생물학에서는 고래와 육지 포유동물 사이의 '잃어버린 고리들'(변화 중인 형태들)을 하나도 찾아내지 못했다. 이 같은 종류의 중간 고리들은 아마 생존하지도 못할 것이다. 지질학에서는 120여 년 동안 이 고리들을 찾아왔지만 헛수고였다."[13] 사실상 잃어버린 고리에 대해 말하는 것은 잘못이다. 그런 것이 있다면 무수히 많아야 할 것이다.

하나님은 세상에 어떻게 관여하시는가

어떤 이들에게 있어, 하나님은 설명할 수 없는 생명이나 존재에 직면할 때에만 생각나는 분이시다. 불신 과학자들은 이 견해를 유신론의 기반이 점점 좁아지고 있음을 나타내는 증거로 여긴다. 그들은 "우리에게 충분한 시간이 허용되면, 우주의 모든 것들이 어떻게 작동되는지 설명할 수 있을 것이다."라고 말할 수도 있다.

이런 관점은 창조주와 관련한 제2장에서의 묘사와 일치하지 않는다. 이 세상을 지으신 하나님은 창조주이실 뿐만 아니라 세상의 보존자이시기도 하다. "그가 만물보다 먼저 계시고 만물이 그 안에 함께 섰느니라"골로새서 1:17. 창조주의 '보존 능력'이 없다면 우주는 붕괴되고 말 것이다. 우주의 보존 방식을 보여주는 과학적 구조 그 자체가 우주를 보존하는 것은 아니다. 피조물 가운데 지속적으로 관여하시는 창조주에 대한 개념을 가리켜 '유신론'이라 일컫는다.

하나님이 우주를 보존하는 능력을 거두신다고 가정해 보라. 필립 존슨이 말하듯이, 이것은 하나님이 법칙들과 물리적 구조들을 만드신 후 손을 떼심을 뜻할 것이다. 이 견해는 '이신론'이라 불린다.

흔히 제기되는 질문은, "하나님이 세상을 지으시되 진화 과정도 활용하실 수 있었을까?"이다. 이 물음에 답하기 위해서는 '진화'가 무엇을 뜻하는지 먼저 이해해야 한다. 대개 '진화'는 방침도 목적도 없는, 전적으로 물질적인 과정으로 정의된다.

이 정의는 하나님 개념과 부합하지 않는다. 처음에 하나님의 개입이 있은 후 점진적 창조 과정이 뒤따랐다고 보는 개념은 '점진주의'로 지칭된다. 존슨에 의하면, 이 이론은 화석 기록에 의해 뒷받침되지 않는다. "하나님이 진화를 이용하여 우주를 지으셨다면, 그 증거를 남겨두지 않기로 작정하신 것이 분명하다."[14] 이 과정에서는 하나님이 아무 역할도 하시지 않은 셈이다. 이것은 인격적 하나님에 관한 성경 내용과 부합하지 않는다.

반면 유신론에 의하면, 하나님은 창조주이심과 아울러 자신이 지으신 세상과 사람들을 위해 적극적으로 관여하며 관리하시는 분이다.[15] 그분은 보이지 않지만 실재하시며 이 세상에 관여하신다.

최근에 유전자공학, 미생물학, 우주물리학 등의 분야에서 이루어진 진전은 과학의 새로운 가능성과 과학을 위한 새로운 물음을 야기하고 있다. 예를 들어, '정보'라는 키워드에 초점을 맞춘 다음 세 가지 물음이 눈에 띈다.

- 생명체는 '물질'(화학 물질)뿐만 아니라 '정보'로도 이루어져 있다.
- 그 '정보'는 어디서 또는 누구에게서 비롯되었을까?
- 복잡하고 상세한 정보는 지적 존재로부터 나온다.

과학의 진전은 생명이 우연에 의해서가 아니라 지적 존재로부터 나온다는 사실을 믿게 해준다. 최근의 과학적 발견들은 유신론을 반박하기보다는 옹호하는 쪽이다. 그렇다면 생명의 원래 요소들은 어디서 온 것일까? 그것들이 단순히 진화되었을 수 있을까? 지금은 원시적 화학 물질들의 소스로부터 생명이 시작되었다고 하는 소위 '수프 이론'이 의문시되고 있다. 그 모든 요소를 하나님이 창조하셨다고 보는 것이 가장 논리적인 설명이다.

과학과 성경이 가까워지고 있는가

몇몇 과학적 발전이 창조주 하나님에 관한 기독교적 관점을 뒷받침해 왔다. 이것은 과학자들이 모두 유신론자가 되었음을 뜻하지는 않는다. 그러나 성경적 문제와 과학적 문제에 있어 일치점을 보이는 분야들이 많다.

- 우주의 시작 시점이 있었다. 1992년 4월, 전 세계 뉴스 매체와 과학자들이 획기적 발견을 선언했다. 코베Cosmic Background Explorer 위성이 '빅뱅 창조 사건을 입증해주는 놀라운 단서'를 발견한 것이다.

"그것은 내 생애 동안 일어난 일들 중 가장 흥미로운 일"이라고, 영국 더럼대학의 카를로스 프랭크가 말했다.

영국의 유명한 물리학자 스티븐 호킹은, "이것은 금세기 가장 위대한 발견"이라고 확언했다.

또한 캘리포니아대학의 조지 스무트는, "이것은 마치 하나님을 보는 것 같다. 우리는 우주의 탄생에 대한 증거를 발견했다."라고 선언했다.

물론 이것은 우주의 시작인 빅뱅을 발견한 데 따른 반응들이다. 기본적으로, 빅뱅 모델에 의하면, 물리적인 우주 전체, 즉 모든 물질과 에너지, 네 차원의 공간과 시간마저 무한한 또는 무한에 가까운 밀도와 온도와 압력 상태로부터 폭발해서 생겼다. 우주는 점보다 훨씬 더 작은 크기로부터 팽창했고, 지금도 계속 팽창하고 있다.[16]

- 시간에는 시작이 있었다. 하나님은 우리가 아는 시간 밖에 존재하신다. 스티븐 호킹마저도, "시간 자체에는 시작이 있었던

우주론적 의의를 지닌 성경 구절들

- 하나님은 "만물보다 먼저" 계셨지만 그 속에 계실 수 있다. 골로새서 1:16-17
- 시간에는 시작이 있다. 하나님은 시간 이전부터 계셨다. 디모데후서 1:9
- 예수 그리스도께서 우주를 창조하셨다. 그분은 지음 받지 않으셨다. 요한복음 1:3
- 하나님은 우리의 오감으로 간파할 수 없는 것을 통해 우주를 창조하셨다. 히브리서 11-13장
- 예수께서 부활 후 자신의 초월성을 입증하셨다. 그분은 벽을 통과하셨다. 요한복음 20:26-28
- 하나님이 매우 가까이 계시지만, 우리는 그분을 볼 수 없다. 그분은 초월적이시다. 신명기 30:11-14
- 하나님은 인류를 보존할 수 있는 방식으로 우주를 설계하셨다. 느헤미야 9:6

게 분명하다."라고 말했다. 창세기 앞 장들은 시간과 우주를 창조하시기 전 그것과는 별도로 존재하셨던 하나님에 대해 보여준다. 그분은 길이와 넓이와 높이와 시간에 종속되지 않으신다. 그러나 우리에게 있어, 시간은 앞으로만 나아가는 것이다!

- 하나님은 시간 이전부터 원인자로 작용하셨다. "태초에 하나님이 천지를 창조하시니라"창세기 1:1. "만물이 그에게 창조되되 하늘과 땅에서 보이는 것들과 보이지 않는 것들과……그가 만물보다 먼저 계시고 만물이 그 안에 함께 섰느니라"골로새서 1:16-17. 그분은 "빛이 있으라."고 명하시기 오래 전부터 존재하셨다. 우리는 시작과 끝이 있는 유한한 존재이지만, 그분은 무한하시며, 시작도 끝도 없으시다.

- 절묘하게 조절된 우주 상수들이다. 태양계와 전체 우주의 고정된 우주 법칙들로 인해 지구에서는 생명체 존립이 가능하다. 이것들은 너무나 정확하기 때문에, 이들 중 어느 하나가 약간만 바뀐다면 우리는 생존할 수 없을 것이다. 휴 로스는 지구의 온도와 계절과 대기 전체에 영향을 미치는 25가지 우주 법칙을 열거했다. 이들이 털끝만큼이라도 달라지면, 생명체는 존재할 수 없을 것이다.[17]

이 우주 상수 중 몇몇은 실감 있게 다가올 것이다. 중력의 세기, 자전축 기울기, 대기권 속 산소 대 질소 비율, 오존층, 지진 활동, 이산화탄소와 수증기의 층들, 서로로부터 멀어지는 별들의 속도, 우주의 팽창, 광속도, 우주의 엔트로피층, 전기력과 양성자 덩어리……. 이것들이 우연의 산물일리 없다.

인류의 기원

진화나 인류의 기원과 관련하여, 성경은 타협할 수 없는 두 가지 사실을 제시한다.

- 하나님이 초자연적으로, 의도적으로 천지를 창조하셨다창세기 1:1.
- 하나님이 초자연적으로, 의도적으로 첫 남자와 첫 여자를 창조하셨다 창세기 1:27.

창세기에 의하면, 하나님이 아담을 만드신 후 아담의 갈비뼈로 하와를 만드셨다. 둘 다 "하나님의 형상"을 따라 지음 받았다. 하나님이 아담에게 생기를 불어넣으셨을 때, 아담은 다른 모든 것과는 구별된 존재가 되었다. 이는 사람이 어떤 짐승으로부터 진화되었을 가능성을 배제시킨다.

아담과 하와가 역사적 인물임을 확신하는 신약성경 구절에 유의하자로마서 5:12, 14; 고린도전서 15:22, 45; 고린도후서 11:3; 디모데전서 2:13-14; 유다서 11절. 이 구절들을 주의 깊게 이해하면, 창세기가 우화일 가능성은 사라질 것이다.

프랜시스 쉐퍼는 이렇게 말한다. "하나님은 우리에게 역사와 우주를 다루는 책, 즉 성경책 속에 종교적 진리들을 담아주셨다. 하나님이 우리에게 참된 종교적 진리들을 주시면서 역사와 우주를 그릇되게 다루는 책에 담아주실 리가 있겠는가?"[18]

지구의 나이

성경 기록을 통해 어떤 그리스도인은 지구가 그리스도의 탄생 수천 년 전 창조되었다고 본다. 하지만 과학에서는 지구의 나이를 수백만 년이나 수십억 년으로 보기 때문에, 그들은 성경 기록에 대해 곤혹스러워한다. 과연 성경 기록을 통해 지구의 나이를 알아낼 수 있을까?

'날'을 가리키는 히브리어를 살펴보자. 그것이 24시간으로 이루어지는 하루 이외의 시간을 뜻할 수 있을까? 창세기 1:31에서 이 단어는, 하나님이 아담과 하와를 만드셨던 날인 제6일을 묘사하는 말로 사용된다.

창세기 2:15-25는 그 "날"에 진행된 하나님의 창조 활동을 묘사한다. 또한 이 구절은 아담의 활동도 묘사한다. 그 날 아담은 모든 짐승의 이름을 짓고, 하와 창조를 위해 깊은 잠에 빠져들었다. 이 날을 가장 문자적으로 해석한다고 해도, 제6일은 24시간보다는 긴 시간으로 짐작된다.

다른 구절에서의 용례를 보더라도, 하나님이 생각하시는 "날" 개념은 그리 제한적이지 않다. "주의 목전에는 천년이 지나간 어제 같으며"시편 90:4, "주께는 하루가 천년 같고"베드로후서 3:8.

지질학자 데이비스 영은 "창세기 1장, 예를 들어, 제3일에 진행된 식물 생장에 관한 내용은 '땅은 풀과 씨 맺는 채소……내라' 는 하나님 말씀에 의해 시작된, 자연적 성장 과정들을 강하게 시사한다."고 한다.

매우 지적인 복음주의 학자들 중 창세기에 나오는 "날"을 24시간으로 보는 이들도 더러 있다. 하나님이 '완성된' 우주를 만드셨다는 것이다. 우리는 그들의 주장도 고려할 필요가 있다.

하지만 데이비스 영은 이렇게 말한다.

"그리스도인 지질학자라고 해서 모든 지형이 완전한 모습으로 창조되었다고 추정할 필요는 없다. 그는 6일 동안에 창조된 바위와 산들과 나머지 다른 지형들이 지금의 과정과 유사한 과정들을 통해 형성되었다고 생각할 수 있다. 또한 그는 현재와의 비교로써 과거를 재건하기 위해 그 바위들 속에 담긴 증거를 활용할 권한을 지니고 있다. 이 사실은 실제로 빙하기가 없었더라면 빙하 작용에 의해 형성된 것처럼 보이는 퇴적암을 하나님이 왜 만들어두셨을까 하는 의문을 푸는 데에도 도움을 준다."[19]

캔저는 이렇게 요약한다. "따라서 성경을 배우는 사람들로서, 우리는 지구의 나이에 대해 불가지론적 입장을 유지해야 한다. 흔히 받아들여지는 지질학적 연대표의 타당성을 배제할 만한 성경적 근거는 전혀 없다. 과학자들의 과학적 증거를 존중하지만 성경 곡해를 목적으로 만들어진 허술한 과학적 입장들을 지지해서는 안 된다. 단지 호기심 충족에 치중하는 태도는 하나님의 인정을 받지 못한다."[20] 하나님이 침묵하시는 문제들에 대해서는 우리도 침묵해야 한다.

부단히 움직이는 열차

과학은 이용할 수 있는 자료에 근거한 가장 그럴 듯한 설명을 제시하려고 시도한다. 그 속에 절대적인 것은 없다. 과학은 부단히 움직이는 열차와 같다. 어제의 통칙이 오늘은 폐기된 가설이 된다. 어떤 형태의 진화 이론을 생물학에 대한 최종 설명으로 받아들이길 주저하는 것도 바로 이 때문이다. 또한 이것은 과학으로 성경을 입증하려는 시도가 위험한 이유이기도 하다. 성경을 오늘날의 과학 이론과 전적으로 합치되는 것으로 이해한다면, 10년 후 그 이론이 바뀌면 어떻게 되겠는가?

신학자 W. A. 크리스웰은 이렇게 말한다. "1861년, 프랑스 과학 아카데미는 작은 소책자를 출간했다. 거기에는 하나님 말씀에 위배되는 51개의 과학적 사실들이 소개되어 있다. 그러나 오늘날에는 그 51개 중 어느 하나라도 하나님 말씀에 위배되는 것이 있다고 믿는 과학자는 한 명도 없다. 단 한 명도!"[21]

생각이 깊은 과학자들은 진화가 쉬운 일이 아님을 인정하지만 일부 모순들과 설명할 수 없는 요소들에도 불구하고 이 이론을 받아들여야 한다고 생각한다.

진화론자 G. A. 커쿳은 19세기 캠브리지의 신학생들은 자신이 직접 연구해보지도 않은 교리와 교훈들을 흔쾌히 받아들였다고 지적한다. 이어서 그는 오늘날의 일부 학생들도 마찬가지임을 밝힌다.

최근 몇 년 동안 나는 생물학의 여러 측면에 관해 대학생들을 가르쳐 왔다. 진화의 증거에 대해 알고 있는지를 대화중에 학생에게 묻는 것은 매우 흔한 일이다. 그러면 질문을 받은 학생은 대체로 은근한 자신감을 보인다. "선생님, 고생물학, 비교해부학, 발생학, 지리적 분포 등으로부터 증거를 얻을 수 있어요."

나는, "자넨 진화론이 짐승들의 상호관계를 가장 잘 설명해준다고 생각하는가?" 하고 묻곤 한다.

"물론이죠, 선생님." 학생들의 대답은 대개 이렇다. "일부 근본주의적인 그리스도인 외에는 다 그렇게 생각해요. 보다 현대적인 교인들이라면 근본주의적 견해를 더 이상 받아들이지 않죠."

"그러면 자네가 진화를 믿는 것은 다른 이론이 없기 때문인가?"

"그렇진 않아요. 제가 방금 언급했던 증거 때문이에요."

"자네는 진화의 증거에 관한 책을 읽은 적이 있나?"

"그럼요, 선생님." 여기서 그는 교과서에 실린 유명한 저자들의 이름을 제시하곤 한다. "그리고 선생님, 다윈의 『종의 기원』이라는 책도 있어요."

"그 책을 읽었는가?"

"다 읽진 않았어요."

"처음 50페이지 정도?"

"아마 그 정도나 그보다 약간 적게 읽었을 것입니다."

"좋아. 그 정도 읽고 진화를 확신한다는 건가?"

"그렇습니다."

"자네가 어떤 논거를 진정 이해한다면, 자네는 그 논거를 뒷받침하는 논점들은 물론이고 그것을 반박하는 논점들도 내게 제시할 수 있어야 할 걸세."

"저도 그렇게 생각해요, 선생님."

여기서 대화 분위기가 다소 긴장된다. 학생은 마치 내가 매우 불공평한 게임을 하고 있다는 듯한 표정으로 나를 바라보곤 한다. 최근의 과학 신조나 진화론에 관한 견해들을 흉내 내듯 그대로 받아들이는 것은 그다지 과학적인 자세가 아니라는 지적을 받을 때 그 학생은 기분이 좋지 않을 것이다. 사실 그 학생은 자신이 멸시하는 신앙적인 학생들과 유사한 행동을 보일 것이다. 자신이 지적으로 이해할 수 없는 것을 믿을 것이며, 질문을 받으면, 『종의 기원』과 같은 '좋은 책'의 권위에 호소할 것이다. 흥미롭게도, 이처럼 즐겨 인용되는 책들 중에는 제목만 읽힌 것이 많다. 『성경』, 『종의 기원』, 『자본론』 등이 대표적 예이다.

나는 그런 학생더러, 진화론에 대한 옹호 자료와 반박 자료를 읽고 리포트를 써서 제출할 것을 권하곤 한다. 한 주가 지난 후 그 학생은 진화론을 옹호하는 리포트를 써 온다. 그 리포트는 대개 정리가 잘 되어있다. 왜냐하면 그 학생은 내가 철저한 증거 자료를 원한다고 생각하기 때문이다. 그 리포트를 읽고 진화론을 반박하는 물음을 제기하면, 그 학생은 쓴 웃음을 짓는다. "선생님, 여러 책을 살펴보았지만 진화론을 반박하는 과학 서적을 찾을 수 없었습니다. 설마 선생님이 종교적 논거를 원하는 것은 아니시죠?"

"물론, 자네 말이 맞아. 나는 진화론을 반박하는 과학적 논거를 원해."

"하지만 선생님, 그런 것은 하나도 없는 것 같습니다. 이 사실 자체가 진화론을 뒷받침하는 증거입니다."

그러면 나는 진화론이 상당히 오래된 이론임을 지적하고, 라디의 책 『생물학의 역사』 The History of Biological Theories를 반드시 읽어볼 것을 권한다. 그 책을 읽겠다는 약속을 받은 후, 나는 이렇게 덧붙인다.

"현존하는 생명체들에 대한 가장 좋은 설명이 진화론이라는 결론을 내리기 전에, 그 이론 속에 함축될 수 있는 것들을 모두 점검해 봐야 해. 그 이론을, 말하자면 말의 진화에 적용할 수 있다는 사실에 착안하여, 더 이상 증거가 확보되지도 않은 상태에서 모든 짐승에게 그것을 확대 적용하는 경우가 너무나 흔하다네. 하지만 진화론에 대한 논의 중 종종 간과되는 일곱 가지 기본 가설이 있어. 많은 진화론자는 처음 여섯 가지 가설을 무시하고 일곱 번째만 고려한다네.

첫 번째는, 무생물이 저절로 생명체로 변한다는 가설일세. 즉 자연 발생이 이루어진다는 가설이지.

두 번째는, 자연 발생이 단 한 번만 이루어진다는 가설이야.

세 번째는, 바이러스, 박테리아, 식물, 동물 등이 모두 연관되어 있다는 가설일세.

네 번째는, 원생동물로부터 후생동물이 생겼다는 가설이지.

다섯 번째는, 여러 무척추동물 문들phylar이 서로 연관되어 있다는 가설이야.

여섯 번째는, 무척추동물로부터 척추동물이 생겼다는 가설이야.

일곱 번째는, 척추동물과 물고기에서 양서류가, 양서류에서 파충류가, 파충류에서 조류와 포유류가 생겼다는 가설일세. 때로는 이 가설이 다르게 표현되기도 해. 이를테면, 오늘날의 양서류와 파충류가 같은 뿌리에서 나왔다고 보는 식이지.

진화론에 대해 논의함에 있어, 나는 이 이론을 지지하는 자들이 이 일곱 가지 가설들 모두를 신봉한다는 점을 먼저 고려하길 원한다네.

이 일곱 가지 가설들이 그 특성상 경험적으로 입증될 수 없는 것들임을 나는 먼저 지적하지 않을 수 없어. 이 가설들은 일련의 특정한 일들이 과거에 일어났음을 가정하지. 따라서 설령 현재 상황에서 이와 유사한 일들이 일어날 수 있다고 할지라도, 그 사실이 과거에도 이 일들이 일어났음을 뜻하는 것은 아니야. 그 사실이 보여줄 수 있는 것은 그런 일이 일어날 수 있다는 가능성뿐이지. 그러므로 설령 오늘날 파충류를 포유류로 바꿀 수 있다고 해도, 매우 흥미로운 일이긴 하나, 그것이 포유류가 생겨난 방식을 보여주진 않을 거야. 안타깝게도, 그런 변화 자체가 불가능하지. 앞에서 언급한 가설들을 위해 우리가 의존할 수 있는 거라곤 제한된 상황적 증거뿐일세."[22]

사실에 충실하기

진화론에 대해 요약함에 있어, 두 가지 극단을 생각해 볼 필요가 있다. 첫째는, 진화가 의심의 여지없이 입증되었고 이성을 가진 사람이라면 누구나 그것을 받아들여야 한다고 보는 가설이다. 둘째는, 진화란 증거를 거의 확보하지 못한 '이론일 뿐'이라는 견해이다. 소위 과학과 성경 간 대립은 종종 사실에 대한 해석과 실재 간 대립이다.

J. P. 모어랜드는 이렇게 말한다. "어떤 사람의 결론을 결정짓는 것은 사실 그 자체라기보다는 그 사실에 대한 가정이다. 예를 들어, 자신의 아내가 다른 남자랑 같은 차를 타고 시내를 돌아다녔다는 말을 들었다고 하자. 자신의 아내와 관련된 나쁜 소문이 시내에 자자하지만 아

내를 잘 아는 그는 이 사실로부터 다른 결론을 내린다. 그 다른 결론은 다른 사실로부터 나온 것이 아니라 같은 사실에 대한 다른 가정으로부터 나온 것이다."[23]

우리가 읽고 듣는 모든 것에 대해, "이 사람이 무슨 가정을 품고 있을까?" 하고 물음으로써, 우리는 그의 결론을 올바로 해석할 수 있다. 대체로 전적인 객관성 같은 것은 찾아보기 힘들다.

많은 사람은 하나님이 이적적 방식으로 역사하실 수 있음을 믿는다. 성경은 그분이 만물을 창조하셨고 지혜로운 목적에 따라 만물과의 관계를 계속 유지하고 계심을 가르친다. 아직 설명될 수 없는 문제들이 많지만, 과학과 성경의 일치성이 점점 더 강해지는 추세이다.

■ 보다 깊은 고찰을 위한 추천 도서

Dembski, William A., 편저, *Mere Creation: Science, Faith & Intelligent Design*. Downers Grove, Ill.: InterVarsity Press, 1998.

Ratzsch, Del. *Science & Its Limits*. Downers Grove, Ill.: InterVarsity Press, 2000.

스 | 터 | 디 | 가 | 이 | 드

1. 성경학자 또는 과학자 같은 권위자들이 근거 없는 가설을 내세울 때 어떤 문제점이 발생할 수 있을까?

2. 과학과 과학주의의 차이점이 무엇인가? 예를 들어 보라.

3. 유대교인이나 그리스도인이 본의 아니게 하나님 말씀을 어떻게 곡해해 왔는가?

4. 우리가 '사실에 충실' 할 때 과학과 성경 간 논쟁이 억제되는 이유는 무엇인가?

5. 폴 리틀은 진화론과 관련하여 그리스도인이 피해야 할 두 가지 극단을 경계한다. (1) 진화는 의심의 여지없이 완벽하게 입증되었다, (2) 진화론은 입증될 증거를 거의 갖추지 못한 하나의 이론에 불과하다. 당신은 과거에 세속적 배경에서든 기독교적 배경에서든 진화론을 어떻게 접했는가?

6. 본장을 읽은 후, 당신은 진화론과 창조론에 대해 어떻게 생각하는가?

7. 진화론을 믿는 친구를 생각해 보라. 그 친구와의 과학 토론을 그리스도와 그분의 가르침에 관한 논의로 어떻게 전환시키겠는가?

8. 과학이 성경과 모순될까봐 두려워서 과학 자체를 거부한 적이 있는가?

9. 그리스도인의 신앙에 위배될까봐 두려워서 과학에 대해 회의적이라면, 그리스도 중심의 가설을 타협하지 않고 과학에 개방적 태도를 보일 수 있는 방법은 무엇일까?

10. 예수 그리스도를 통해 하나님께 소망을 두는 이유들의 목록에 새로 깨달은 사항을 첨가해 보라.

오 | 늘 | 의 | 한 | 마 | 디

태양과 행성들, 혜성들의 주도면밀한 질서는 지성적이며 강력하신 존재의 개입을 통해서만 가능하다.

Know Why You Believe

chapter **10**

왜 하나님은 고통과
악을 허용하실까

왜 하나님은 고통과 악을 허용하실까

이것은 우리 시대의 가장 절실한 물음 중 하나이다. 이적이나 과학, 성경에 대한 물음보다 더 절실한 것은, 왜 무고한 사람이 고통을 당하는가, 왜 아기가 눈먼 상태로 태어나는가, 왜 유망한 젊은이가 꽃을 피워 보지도 못하고 죽는가 하는 문제이다. 수많은 무고한 사람들이 살해되고, 아이들이 불에 타며, 많은 사람을 불구가 되게 하는 전쟁이 왜 일어나는가?

이 딜레마에 대해서는 전통적으로 두 가지 견해가 제시된다.

- 하나님이 전능하시지만 온전히 선하시지는 않다. 그래서 악을 중단시키길 원치 않으신다.

- 하나님은 온전히 선하시지만 악을 중단시키지는 못하신다. 따라서 그

분은 전능하시지 않다.

악과 고통에 대해 하나님을 비난하며 모든 책임을 그분께 전가하려는 것이 일반적 경향이다.

쉽지 않은 대답

이 심오한 물음은 가볍게 또는 교리적 방식으로 다뤄질 것이 아니다. 하나님이 아담과 하와를 창조하실 때 어떻게 하셨는지 생각해 보자. 하나님은 그들을 완벽하게 지으셨다. 그들은 악하게 창조되지 않았다.

그러나 아담과 하와 역시 다른 모든 사람과 마찬가지로 하나님께 순종할 수도 있었고 불순종할 수도 있었다. 그들이 하나님께 순종했다면, 결코 문제가 없었을 것이다. 그들은 하나님과 더불어 더 없이 행복한 교제를 나누며 살았을 것이다. 영원토록 하나님과 그분의 피조물을 즐거워했을 것이다. 이것이 바로 하나님이 그들을 창조하실 때의 의도였다.

하지만 그들은 금단의 열매, 즉 선악을 알게 하는 나무의 열매를 먹음으로써 하나님을 반역하는 길을 택했다.

그 후로 우리 모두가 그 길을 답보해 왔다. "이러므로 한 사람으로 말미암아 죄가 세상에 들어오고 죄로 말미암아 사망이 왔나니 이와 같이 모든 사람이 죄를 지었으므로 사망이 모든 사람에게 이르렀느니

> "내가 살아 있는 것만큼 확실하게, 나는 내가 의지를 지니고 있음을 알고 있다……다른 누구도 나를 대신해서 선택하고 있지 않다." 히포의 어거스틴

라"로마서 5:12. 죄에 대한 책임은 하나님께 있는 것이 아니라 사람에게 있다.

그러나 많은 사람은, "왜 하나님이 우리로 하여금 죄를 지을 수 없도록 만들지 않으셨을까?" 하고 묻는다. 분명 그분은 그렇게 하실 수 있었다. 그러나 그렇게 하셨다면 우리는 더 이상 인간이 아니라 기계나 꼭두각시에 불과할 것이다.

당신은 기계 인형과 결혼하고 싶은가? 매일 아침저녁으로 당신이 줄을 당기기만 하면 "사랑해요."라는 말을 들을 수 있을 것이다. 하지만 누가 그것을 원하겠는가? 사랑은 자발적인 것이다. 우리의 선택은 자발적이다.

하나님은 우리를 로봇처럼 만드실 수도 있었지만, 그러셨다면 우리는 인간이 되지 못했을 것이다. 로봇이 되고 싶은가? 솔직히 그렇다고 대답하는 사람은 거의 없을 것이다. 하나님은 위험을 무릅쓰고 우리를 자발적인 모습으로 만들 만한 가치가 있다고 생각하셨다. 이것이 우리가 직면한 현실이다.

하나님은 악을 근절시키실 수 있었다

예레미야는 "여호와의 자비와 긍휼이 무궁하시므로 우리가 진멸되지 아니함이니이다."라고 한다예레미야애가 3:22. 하나님이 세상에서 악을 근절시키실 날이 올 것이다. 마귀의 모든 행사가 영원한 심판에 처할

것이다. 반면 하나님의 변치 않는 사랑과 은혜가 온 세상에 가득하며, 놀라운 은총과 용서가 모두에게 나타날 것이다.

하나님은 철저히 악을 진멸하실 것이다. 오늘날 우리는 그분이 전쟁을 중단시키시되 우리로부터 멀리 계시길 원한다. 하나님이 악을 제거하신다면, 우리의 거짓말, 불순함, 사랑 결여와 선행 결핍도 포함될 것이다. 하나님이 오늘밤 모든 악을 제거하신다고 가정해 보라. 누가 과연 살아남겠는가?

성경은 엄정한 진리를 전한다. 죄가 아담과 하와의 선택을 통해 인류에게 전해져 왔고, 우리는 그 길을 따라왔다. 태어날 때부터 우리는 불순종으로 시작한다. 아담과 하와의 죄는 하나님과의 친밀한 관계로부터 그들을 분리시켰고, 우리도 마찬가지다. 죄악은 온전히 거룩하신 하나님으로부터 분리될 수밖에 없다. 이것은 우리의 선택에 따른 결과이다.

하나님의 궁극적 해결책

이 암담한 상황에도 자애로우신 하나님은 우리를 대신하여 당신의 아들을 죽음에 내어주시는 가장 극적이고 값비싸며 효과적인 일을 행하셨다. 주 예수 그리스도와 개인적 관계를 맺음으로써 죄와 악에 대한 하나님의 심판을 피할 수 있게 되었다. 죄악에 대한 궁극적 해답은 예수 그리스도의 희생적 죽음 속에서 발견된다.

악의 기원에 관해서는 누구도 충분한 답을 제시하지 못한다. 그것은 하나님의 "오묘한 일"신명기 29:29에 속한다.

휴 에반 홉킨스는 이렇게 설명한다.

악의 문제는 주로, 선하신 하나님이 각 사람의 행실에 따라 보응하시며, 전능하신 하나님이 이 일을 쉽게 실행하실 것이라는 믿음에서 생겨난다. 행복과 불행의 형태로 나타나는 보응이 이 세상에서 아무렇게나 임하는 것 같은 현실은, 많은 사람으로 하여금 하나님의 선하심이나 그분의 능력에 대해 의문을 품게 만든다.[1]

그러나 하나님이 각 사람을 그 행실대로 정확히 다루신다면 어떻게 될까? 자신의 삶에 적용해 보라. 구약성경에서 예고되었고 신약성경에서 거듭 선포되는 복음 전체는 하나님의 선하심이 그분의 공의에 있을 뿐만 아니라 그분의 사랑과 자비와 온유하심에도 있다는 내용이다. "우리의 죄를 따라 처치하지 아니하시며 우리의 죄악을 따라 갚지 아니하셨으니 이는 하늘이 땅에서 높음 같이 그를 경외하는 자에게 그 인자하심이 크심이로다" 시편 103:10-11라는 말씀에 참으로 감사하지 않을 수 없다.

하나님의 선하심과 관련된 이 개념은 행복이 인생의 가장 큰 선善이라는 그릇된 가정을 기초로 한다. 행복은 대체로 위안 개념으로 이해되지만, 참되며 깊고 진정한 행복은 한 순간의 덧없는 만족보다 훨씬 더 심오하다. 무한한 지혜를 지니신 하나님은 때로는 오직 시련을 통해서만 우리에게 이뤄질 수 있는 일들이 있음을 알고 계신다. 이 시련을 막는 것은 보다 큰 유익을 빼앗는 것과 같다.

정확한 보응 개념

사도 베드로는 이 개념을 다음과 같이 피력한다. "모든 은혜의 하나님 곧 그리스도 안에서 너희를 부르사 자기의 영원한 영광에 들어가게 하신 이가 잠간 고난을 받은 너희를 친히 온전케 하시며 굳게 하시며 강하게 하시며 터를 견고케 하시리라"베드로전서 5:10.

존 스튜어트 밀이 제시했던 정확한 보응 개념의 논리적 결과에 대해 살펴보려면, 힌두교를 참조하면 된다. '업'의 법칙에 의하면, 금생의 모든 행동은 전생의 행위들의 결과이다. 무지와 가난, 굶주림과 신체 기형과 고립, 다른 여러 사회적 고뇌는 모두 전생의 악행에 대한 징벌이다.

따라서 그런 고통과 불행을 누그러뜨리려는 모든 시도는 신의 공의로우신 방식을 가로막는 행위이다. 힌두교인이 자신의 불행을 오래도록 방치하는 이유도 바로 이 때문이다. 오늘날 일부 각성된 힌두교인은 사회적 진보와 변화에 대해 말하며 그 방향으로 나아가고 있다. 하지만 그들은 아직도 이 새 개념을 힌두교적 사상과 삶의 근간인 카르마의 분명한 옛 교리와 조화시키지 못하고 있다.

이 카르마 개념은 고통에 대해 적절하고 간단하며 분명한 설명을 제시하려고 시도한다. 고통은 이전의 행악에 따른 결과라는 것이다.

더글라스 그루두이스는 그 약점을 지적한다. 백혈병으로 죽어가는 한 아이가 전생에서 무고한 사람을 살해한 까닭에 고통당하고 있는 것이라면, 그 아이는 그 사실을 모를 것이다. 어떤 교훈을 배울 수도

> 죄와 고통이 창궐하는 한 가지 이유는 죄가 방울뱀보다는 슈크림처럼 여겨지기 때문이다.

없을 것이다.

기독교도 고통을 하나님의 징벌로 보는가? 분명 그렇게 생각하는 사람들이 많다. 고통당하는 사람의 입에서 종종 맨 먼저 나오는 물음은, "내가 무슨 짓을 했기에 이런 고통을 받지?"이다. 또한 그의 주위 사람들은 종종 이런 가설에 근거하여 판단하곤 한다. 고통과 악의 문제를 다루는 고전적인 책 욥기에서는, 욥의 친구들이 이 냉혹한 가설을 받아들이고 있음을 보여준다. 결국 그들은 욥의 고통을 가중시켰다.

구약성경과 신약성경의 가르침은, 고통이 하나님의 심판일 수도 있지만 개인적 악행과 전혀 무관한 경우들도 많다는 사실을 분명히 보여준다. 범죄와 그에 따른 징벌이라는 자동적 가설은 전혀 타당하지 않다.

물론 하나님은 "사내아이들이란 다 그렇지 뭐." 하는 태도로 뒷짐 지고 계시는 할아버지가 아니시다. "사람이 무엇으로 심든지 그대로 거두리라"(갈라디아서 6:7은 주제넘은 억측으로 감히 하나님의 코를 비틀려는 자들에 대한 엄숙한 경고이다). "죄와 고통이 창궐하는 이유는 죄가 방울뱀보다는 슈크림처럼 여겨지기 때문이다."[2]

이처럼 고통과 죄가 서로 연관되어 있을 수 있다는 것은 분명하지만 항상 그렇지는 않다는 것도 분명하다. 그 주제와 관련하여 예수께서도 분명히 말씀하셨다. 제자들은 고통을 직접적 보응과 연결시키는 입장에 집착했다. 어느 날 그들은 나면서부터 소경인 사람을 보고, 그 사람과 부모 중 누구의 죄 때문에 그런지 알고 싶었다. 예수님은 누구의 책임도 아니라고 확언하셨다. "……그에게서 하나님의 하시는 일을 나타내고자 하심이니라" 요한복음 9:1-3.

빌라도에 의해 살육된 갈릴리인에 대한 소식을 듣고, 예수님은 그들의 죄가 다른 갈릴리인보다 더 크지 않음을 분명히 언급하셨다. 그분은 이르시기를, 실로암 망대가 무너질 때 죽었던 18명의 죄가 다른 예루살렘 거민들의 죄보다 더 크지 않다고 하셨다. 이 두 사건을 통해 예수님은, "너희도 회개치 아니하면 다 이와 같이 망하리라" 누가복음 13:1-3고 결론지으셨다.

따라서 자신이나 다른 어떤 사람에게 닥친 비극이나 고통을 자동적으로 하나님의 심판과 연결시킨다면, 너무 성급하게 판단하고 있는 셈이다. 더욱이 홉킨스가 지적하듯이, 성경의 사례들을 보더라도 어떤 곤경이 악행에 따른 정당한 대가라면 고통당하는 자가 아무런 의심도 품지 않았을 것이나, 사실은 그렇지 않았다.

경고 이후의 심판

성경 전체에서 드러나는 심오한 진리 중 하나는 하나님의 심판 전에 경고가 임한다는 것이다. 구약성경 전체에 걸쳐 하나님의 반복되는 당부와 심판 경고가 나타난다. 경고가 줄곧 무시되고 거부된 후에야 비로소 심판이 임한다.

"주 여호와의 말씀에 나의 삶을 두고 맹세하노니 나는 악인의 죽는 것을 기뻐하지 아니하고 악인이 그 길에서 돌이켜 떠나서 사는 것을 기뻐하노라 이스라엘 족속아 돌이키고 돌이키라 너희 악한 길에서 떠나라 어찌 죽고자 하느냐"에스겔 33:11.

신약성경에서도 마찬가지다. 예루살렘을 향해 우셨던 예수님의 모습보다 하나님의 사랑과 오래 참으심을 더 감동적으로 묘사한 부분도 없다. "암탉이 그 새끼를 날개 아래 모음 같이 내가 네 자녀를 모으려 한 일이 몇 번이냐 그러나 너희가 원치 아니하였도다"마태복음 23:37. 또한 베드로는 주께서 "오래 참으사 아무도 멸망치 않고 다 회개하기에 이르기를" 원하신다고 분명히 증거했다베드로후서 3:9.

"선하신 하나님이 어떻게 사람들을 지옥으로 보내실 수 있는가?" 하고 누군가 물을 때, 우리는 어떤 의미에서 하나님은 아무도 지옥으로 보내지 않으신다는 점을 알려주어야 한다. 우리 스스로 거기로 가는 것이다.

하나님은 용서와 구원과 정결함과 천국에 합당한 삶을 위해 필요한 모든 일을 행하셨다. 우리에게 남은 일은 이 선물을 받아들이는 것뿐이다. 그것을 거부한다면, 하나님은 우리의 선택대로 버려두실 따름이다. 하나님과 함께 있길 싫어하는 사람에게는, 천국도 지옥 같을 것이다.

때로는 고통이 하나님의 심판이라는 개념으로 설명되기도 하지만, 우주에 죄와 사망이 임한 것은 사람의 책임이다. 인류의 비행이 오늘날 이 세상의 수많은 고통을 야기했다는 점도 잊지 말아야 한다. 건축 과정에서의 부주의가 폭풍 발생시 건물 붕괴와 사상자를 유발하기도 한다. 음주 운전으로 인한 사망 사고들이 얼마나 많은가?

> 하나님과 함께 있길 싫어하는 사람에게는, 천국도 지옥 같을 것이다.

기만과 거짓과 도둑질과 이기심은 쓰디쓴 고통을 거두게 한다. 하지만 이 고통에 대해 하나님을 비난할 수는 없다. 인류의 비행에서 비롯된 모든 불행을 생각해 보라. 그 종류와 수효는 실로 엄청날 것이다.

마귀는 존재하는가

우리는 지구상에 혼자 있지 않다. 신령한 계시를 통해 우리는 '대적' 마귀의 존재를 알고 있다. 마귀는 상황에 따라 다양한 형태로 나타난다. 상황이나 목적에 따라 빛의 천사나 울부짖는 사자로 나타날 수 있다. 그의 이름은 사단이다.

하나님이 그로 하여금 욥을 고통에 빠트리도록 허락하셨다욥기 1:6-12. 곡식과 가라지 비유에서, 예수님은 농사가 망쳐진 데 대해 "원수가 이렇게 하였구나."라고 하신다마태복음 13:28. 사단은 하나님의 피조물을 훼손시키며 사람들을 불행하고 고통스럽게 만드는 일에서 큰 즐거움을 느낀다.

하나님은 사단에게 제한된 힘을 허락하시지만, 예수 그리스도의 권능으로 우리는 사단을 제압할 수 있다. "마귀를 대적하라 그리하면 너희를 피하리라"야고보서 4:7. 오늘날 세상에서 발생하는 일부 질병과 고통의 원인은 사단에게 있다.

"왜 하나님이 사단에게 고통을 야기하는 힘을 주시는가?" 하는 물음에 있어, 우리는 로빈슨 크루소가 프라이데이에게 했던 말을 생각해볼 필요가 있다.

"자네는 하나님이 매우 강하고 위대하시다고 말했어. 그가 마귀만큼 강하고 힘이 세신가?" 하고 프라이데이가 말했다.

"그럼, 그럼." 크루소가 대답했다. "프라이데이, 하나님은 마귀보다 훨씬 더 강하셔."

"하나님이 마귀보다 더 강하시다면, 왜 더 이상 악한 짓을 못하도록 마귀를 죽이시지 않지?"

크루소가 대답했다. "우리가 악한 짓을 저질러서 하나님의 마음을 상하게 할 때 왜 그분이 우리를 죽이시지 않을까 하고 묻는 것이 차라리 더 나을 걸."

하나님은 우리의 고통을 느끼신다

괴로움과 고통에 있어, 그것이 신체적이든 정신적이든 또 다른 중요한 사항을 고려해야 한다. 하나님은 당신의 백성과 그들의 고통으로부터 멀리 떠나 계신 냉담한 군주가 아니시다. 그분은 자녀들의 고통을 알며 느끼신다.

하나님의 마음과 손을 먼저 통과하지 않고 우리에게 임하는 고통이나 괴로움은 하나도 없다. 우리의 고통이 아무리 클지라도, 하나님의 고통이 더 크다는 점을 기억해야 한다.

그리스도의 고뇌를 예언했던 선지자 이사야의 말이 위로가 된다. "그는 멸시를 받아서 사람에게 싫어 버린 바 되었으며 간고를 많이 겪었으며 질고를 아는 자라"이사야 53:3. 히브리서 기자는 "자기가 시험을 받아 고난을 당하셨은즉 시험 받는 자들을 능히 도우시느니라"히브리서

2:18고 전한다. 다음과 같은 말씀에도 주목하자. "우리에게 있는 대제사장은 우리 연약함을 체휼하지 아니하는 자가 아니요 모든 일에 우리와 한결같이 시험을 받은 자로되 죄는 없으시니라"히브리서 4:15; "하나님의 성령을 근심하게 하지 말라"에베소서 4:30.

> "그들의 모든 환난에 동참하사 자기 앞의 사자로 그들을 구원하시며 그 사랑과 그 긍휼로 그들을 구속하시고 옛적 모든 날에 그들을 드시며 안으셨으나."이사야 63:9

악과 고통의 문제는 가장 심오한 문제 중 하나이다. 우리 시대에는 핵전쟁과 생화학전쟁의 위협으로 인해 그것이 더욱 민감한 문제로 대두하고 있다. 쉬운 대답은 없으며, 최종 답안도 없다. 하지만 단서는 있다.

자유의지라는 위험한 선물

첫째, 악은 자유의지의 필연적인 부분이다. J. B. 필립은 이렇게 설명한다.

"악은 자유의지라는 위험한 선물 속에 내재해 있다. 하나님이 우리를 기계로 만드셨다면 우리는 고귀한 선택의 자유를 빼앗기고 인간일 수도 없었을 것이다. 소위 인간의 '타락', 즉 에덴동산에서 저질렀던 아담의 범죄를 통해 악한 방향으로 자유의지를 행사했던 것이, 세상에 악과 고통이 들어오게 된 근본적인 이유이다. 그것은 아담의 책임이지 하나님의 책임이 아니다. 하나님이 그것을 중단시키셨다면 우리 모두는 존재하지 않을 것이다. 기독교의 핵심은 인간의 선택 능력을 제한하는 데 있는 것이 아니라, 악보다는 선을 자발적으로 선택하게 하는 데 있다."[3]

모든 개인의 행동이 다른 이들에게 영향을 미친다. 그 누구도 고립된 섬이 아니다. 매번 말을 움직일 때마다 규칙을 바꾸는 체스 게임과 같은 삶은 무의미할 것이다.

둘째, 세상의 많은 고통은 사람들의 악한 선택에 따른 것이다. 고통은 이 선택에 따른 논리적 결과이다. 은행 강도가 누군가 죽일 경우에는 이 사실이 명백히 드러난다. 하지만 때로는 그것이 덜 명확하고 보다 간접적인 경우도 있다. 정부에서 잘못된 결정을 내림으로써 많은 사람에게 손실과 고통을 안겨주는 경우가 한 예이다. 때로는 자연 재해들도 경고에 주의하지 않은 사람들의 잘못에 기인한다.

셋째, 어떤 고통은 하나님의 심판과 징벌이다. 이것은 늘 고려되어야 할 가능성이다. 대체로 하나님은 회복과 인격 형성을 위해 그런 고통을 허용하시며, 자신의 그릇된 행위로 인해 고통당하는 자들은 대개 그 사실을 안다히브리서 12:7-8, 11.

넷째, 하나님을 대적하는 사단이 존재한다. 사단은 십자가에서 패배했지만, 마지막 심판 때까지 자유롭게 악행을 저지를 수 있다. 사람보다 더 강한 악의 세력이 있다는 사실은 계시를 통해, 우리 자신의 경험을 통해 분명히 드러난다.

다섯째, 하나님 자신이 큰 고통을 당하시며 당신의 아들을 통해 고통에 온전히 직면하셨다. 우리가 주 예수 그리스도를 영접할 때 악의 결과가 영원히 제거된다. 죄가 용서되고, 우리는 새 생명과 최선의 선택을 할 수 있는 힘을 얻는다. 하나님은 우리를 이끄시고 강하게 하시며, 더욱 예수 그리스도를 닮은 성품으로 변화시키신다.

가장 큰 신앙 테스트

오늘날 그리스도인에게 있어 가장 큰 신앙 테스트는 하나님의 선하심을 믿는 것이다. 우리의 삶과 문화를 하나씩 돌아보면 하나님의 선하심을 의심하게 하는 부분들이 많다.

헬무트 틸리케는 돋보기를 통해 직물을 보면 중간 부분은 또렷하고 가장자리는 흐릿하게 보인다고 지적한다. 또렷이 보이는 부분 때문에, 우리는 가장자리도 또렷하다는 것을 안다. 우리의 삶도 직물을 보는 것과 같다고 그는 말한다.

우리 삶의 주변에는 많은 것들이 흐릿하며, 이해되지 않는 사건과 상황이 즐비하다. 하지만 우리는 중앙, 즉 그리스도의 십자가에서 보여지는 분명함을 통해 그것들을 올바로 해석할 수 있다. 우리는 어지럽게 분산된 자료들을 통해 하나님의 성품에 대해 추측하지 않아도 된다. 그분은 당신의 성품을 분명하게 계시해 오셨고 십자가 안에서 그것을 우리에게 극적으로 드러내셨다.

"자기 아들을 아끼지 아니하시고 우리 모든 사람을 위하여 내어주신 이가 어찌 그 아들과 함께 모든 것을 우리에게 은사로 주지 아니하시겠느

> 하나님의 보증은 고통이 결코 우리에게 임하지 않는다는 것이 아니라 그것이 우리를 그분의 사랑으로부터 분리시키지 못한다는 것이다.

뇨"로마서 8:32.

하나님은 우리더러 이해하도록 당부하시는 것이 아니라 그분을 신뢰하도록 당부하신다. 이는 우리가 어린 자녀를 의사에게 데리고 갈 때 그 아이더러 우리의 사랑과 배려를 신뢰하도록 당부하는 것과 같은 식이다. 우리가 이생에서는 온전한 그림을 파악하지 못한다는 사실을 인식할 때 평안이 임한다. 하지만 우리는 가장자리도 분명할 것임을 보여주기에 충분한 증거를 가지고 있다.

우리는 차분한 안도와 기쁨 속에서 "하나님을 사랑하는 자 곧 그 뜻대로 부르심을 입은 자들에게는 모든 것이 합력하여 선을" 이룰 것을 확신한다로마서 8:28.

때로는 고통이 축복의 경험인지, 파멸의 경험인지 결정하는 것은 그 고통 자체라기보다는 그것에 대한 우리의 반응이다. 똑같은 태양이 버터를 녹이기도 하고 진흙을 단단하게 굳히기도 한다.

하나님의 은혜로 말미암아 우리가 하나님의 사랑을 믿는 신앙의 렌즈로 자신의 삶을 볼 수 있을 때, 확신에 찬 하박국의 고백이 우리의 것이 될 수 있다.

"비록 무화과나무가 무성치 못하며 포도나무에 소출이 없으며 밭에 식물이 없으며 우리에 양이 없으며 외양간에 소가 없을지라도 나는 여호와를 인하여 즐거워하며 나의 구원의 하나님을 인하여 기뻐하리로다"하박국 3:17-18.

■ 보다 깊은 고찰을 위한 추천 도서

Lewis, C. S. *The Problem of Pain*. New York: Simon & Schuster, 1996.
『고통의 문제』, 2002년, 홍성사

Lloyd-Jones, Martyn D. *Why Does God Allow Suffering?* Wheaton, Ill.: Crossway, 1994. 『하나님은 왜 고통을 허락하실까』, 2005년, 쿰란출판사

Yancey, Philip. *Where Is God When It Hurts?*, Grand Rapids, Mich.: Zondervan, 1977. 『내가 고통당할 때 하나님은 어디 계십니까?』, 2002년, 생명의 말씀사

스 | 터 | 디 | 가 | 이 | 드

1. 어떤 경우 사람들이 고통과 악의 문제로 부당하게 하나님을 비난하는가?

2. 당신은 성경이나 역사, 최근의 사건에서, 악이나 고통의 책임을 하나님께 돌릴 수 있는 경우를 생각해낼 수 있는가?

3. 하나님이 악을 완전히 멸하신다면 이 세상은 어떻게 될까?

4. 하나님이 세상의 고통과 악을 제거하길 원하신다는 뜻을 이미 어떻게 밝혀 오셨는가?

5. 당신은 오늘날 하나님이 그렇게 하고 계심을 보는가? 기도가 그 일을 더 진전시킬 수 있을까?

6. 당신은 언제나 선에 대한 상급과 악에 대한 징벌이 주어지는 세계를 원하는가? 그 이유는?

7. 성경은 때때로 하나님이 선에 대해 상급을 주시며 악에 대해서는 경고하고 징벌하신다고 한다. 당신은 일상생활 속에서 그런 경험을 한 적이 있는가?

8. 하나님의 피조물이 고통당할 때 그분은 어디에 계시는가?

9. 왜 하나님이 고통과 악을 허용하시는가 하는 물음은 왜 우리가 하나님을 믿는가 하는 물음을 넘어 우리가 그분에 관해 무엇을 믿을 것인가 하는 물음으로까지 연결된다. 이 물음에 대한 답이 신앙생활에 어떤 영향을 미치는가?

10. "똑같은 태양이 버터를 녹이기도 하고 진흙을 단단하게 굳히기도 한다." 당신이 아는 사람 중 진흙 같지만 알고 보니 버터 같은 이가 있는가? 그런 사람에게 당신은 그리스도를 어떻게 소개할 수 있겠는가?

11. 자신의 경험상, 고통이 당신을 하나님께 더 가까이 이끌었는가, 그분께로부터 멀어지게 했는가?

12. 그리스도께서 당신 곁에 서 계신다면, 당신의 고통이나 불공평한 광경에 대해 그분께 무엇이라고 말하겠는가?

13. 예수 그리스도를 통해 하나님께 소망을 두는 이유들의 목록에 새로 깨달은 사항을 첨가해 보라.

오 | 늘 | 의 | 한 | 마 | 디

"내가 삶 속에서 얻은 모든 가치 있는 것들은 고난을 통해 배운 것이다." 말콤 머거리쥐

Know Why You Believe

chapter 11

기독교는
다른 종교와 다른가

기독교는 다른 종교와 다른가

　기독교가 다른 종교들과 어떻게 다른가 하는 물음은 점점 좁아지는 오늘날의 세계에서 종종 제기되는 주제이다. 역사상 전례 없이 다양한 문화와 민족, 인종과 종교들이 우리 앞에 놓여 있다. 세계 어느 곳이든 비행기로 24시간 내 도착할 수 있다. TV를 통해 파키스탄의 달라이 라마나 이란에서 절하는 이슬람교도 또는 아프리카의 종교 전쟁을 언제든지 볼 수 있다.

　1996-1997년, 212개 국가로부터 학생과 박사 과정을 끝낸 학자 563,000명 이상이 미국 50주의 2,428개 대학에서 공부하기 위해 미국으로 갔다.[1] 밝은 색 사리를 두른 단아한 인도 여인들과 터번을 두른 시크교도의 모습은 미국의 지역 상가나 대학가에서 낯설지 않다. 게다가 수많은 외교관과 사업가, 여행객들이 매년 미국을 찾는다.

이들은 학부모-교사 협의회나 봉사 클럽, 교회를 찾아가서 자신의 문화적, 종교적 배경을 설명한다. 이들은 성실하고 교양 있고, 지적이다. 종종 그들은 기독교에 대해서도 관심을 나타내며, 우리도 그들에게서 배울 수 있다.

기독교는 유일무이한가

외국인 친구들과 대화하다 보면 그들의 종교적 신념은 우리로 하여금 기독교의 진실성에 대한 물음을 갖게 한다. 기독교는 여러 종교들 가운데 유일무이한 것인가 아니면 모든 종교의 근간이 되는 주제의 한 변형일 뿐인가? 달리 말하자면, "신실한 이슬람교도나 불교도나 힌두교도나 유대교인이 경배하는 신은 우리가 경배하는 하나님과 동일하며 단지 이름만 다를 뿐이지 않은가?" 혹은, "예수 그리스도가 하나님께로 이끄는 유일한 길이신가?"

예수 그리스도가 하나님께로 이끄는 유일한 길이시며 그분을 떠나서는 구원이 없다고 확언하는 성경은, 그리스도인의 사고가 편협하고 폐쇄적이라는 인상을 줄 수 있다. 그리스도인이 거만한 우월감에 빠진 듯한, 혹은 "넌 왜 나처럼 정상적이지 않니?"라고 말하는 듯한 인상을 줄 수도 있다.

우리는 다음과 같은 말들을 흔히 듣는다. "누구나 하나님을 믿어.", "왜 예수님을 굳이 개입시키는가?", "하나님의 존재를 인정해. 그걸로 충분해." 하지만 과연 기독교가 다른 종교와 혼합되거나 배타성을 포기할 수 있을까?

메시지의 핵심

근본적으로 그리스도인으로서는 포괄적 신학 입장을 취할 수 없다. 기독교 메시지의 초석은 예수 그리스도시다. 즉 이 땅에 오신 하나님이시다. 이 기초가 없어지면, 다른 모든 부분도 의미를 잃는다. 신약성경의 여러 구절이 이 기본적 사상을 제시한다. 그 중 세 개를 인용하면 다음과 같다. "다른 이로서는 구원을 얻을 수 없나니 천하 인간에 구원을 얻을 만한 다른 이름을 우리에게 주신 일이 없음이니라"사도행전 4:12; "본래 하나님을 본 사람이 없으되 아버지 품속에 있는 독생하신 하나님이 나타내셨느니라"요한복음 1:18; "내가 곧 길이요 진리요 생명이니 나로 말미암지 않고는 아버지께로 올 자가 없느니라"요한복음 14:6.

그리스도인이 이 말씀을 믿는 것은 그들이 그것을 자신의 규례로 만들었기 때문이 아니라 예수 그리스도와 성경이 그렇게 말씀하셨기 때문이다. 사실 이 핵심 메시지는 구약성경과 신약성경에 두루 나타나 있다. 그리스도인은 자신의 편견을 제시하는 것이 아니라 성경적 사실들을 설명하고 있다.

우리가 이 진리를 바꾸고 보다 포괄적인 어떤 개념을 받아들이려 한다면, 딜레마에 직면한다. 우

> **그리스도의 유일무이성은 삼중적이다.**
> - 그분의 성육신 – 하나님이 이 땅에 오심
> - 그분의 죽으심 – 의로우신 분이 불의한 자를 위해 십자가에서 죽으심
> - 그분의 다시 사심 – 자신이 누구시며 왜 오셨는지 입증하심

리는 사람이 바꿀 수 없는 어떤 것을 바꾸려 하는 셈이다. 이 진리는 확고한 것이며, 전적으로 참되거나 전적으로 거짓되다. 프란시스 쉐퍼가 말했듯이, 그것은 '참된 진리'이다.

- 바꿀 수 있는 법이나 진리도 있다. 예를 들어, 정지 신호를 어긴 운전에 대한 벌칙은 사회 규약에 의해 결정된다. 벌금은 50달러일 수도 있고 10달러일 수도 있다. 혹은 그 법규 자체가 폐지될 수도 있다.

- 중력과 같은 법칙은 우리가 바꿀 수 없는 진리이다. 이것은 어떤 사회적 의견이나 문화에 의해 결정되지 않는다. 이런 진리는 확고하고 분명하다. 이것에 대한 벌칙도 사회적으로 결정되지 않는다. 사람들은 한 시간 동안 중력의 법칙을 중단시킬 것을 만장일치로 동의할 수 있지만, 제정신인 사람이라면 그것을 테스트하기 위해 지붕에서 뛰어내리지 않을 것이다. 중력을 어기는 데 따른 벌은 그 행위 자체 속에 내재되어 있으며, 그것을 어긴 사람은 만장일치의 결정에도 불구하고 범죄자 명단에 기록될 것이다.

- 본유의 물리 법칙이 있듯이, 본유의 영적 법칙도 있다. 그 중 하나는 예수 그리스도의 성육신을 통해 하나님이 주도적으로 당신을 계시하신 것이다. 다른 하나는 죄 용서와 하나님과의 일대일 관계를 여는 통로인 그리스도의 죽음이다. 그리스도의 유일무이성에 대해 말하는 그리스도인은 우월적 태도를 보이고 있는 것이 아니다. 거기에는 교만

의 여지가 없다. 그는 하나님의 개입하시는 은혜에 감동하는 삶을 살아간다. D. T. 나일스는 그리스도인을 가리켜 그들 자신의 이야기를 하는 사람들로 묘사한다. "전도는 한 거지가 음식 구할 곳을 다른 거지에게 알려주는 것과 같다."

신실함만으로 충분한가

영적 진리를 다수의 동의로써 얻을 수는 없다는 사실을 살펴보았으므로, 이제 진리에 대한 일반적 고찰이 필요할 것이다. 먼저 어떤 것을 신실하게 믿는다고 해서 그것을 진리로 만드는 것은 아니다. 앞에서 우리는 믿음 자체보다 그 믿음의 대상이 더 중요함을 생각해 보았다. 믿음의 신실함과 강렬함 그 자체가 중요한 것은 아니다. 어떤 간호사가 질산은을 사용한다고 진지하게 생각하면서 신생아의 눈에 석탄산을 넣었다. 그녀의 신실함이 아기의 실명을 막지는 못했다.

동일한 원칙이 영적인 일에도 적용된다. 진리를 믿지 못한다고 해서 진리를 거짓으로 만드는 것은 아니듯이, 무언가를 믿는다고 해서 그것을 진리로 만드는 것은 아니다. 사람들의 태도에 상관없이, 사실은 사실이다. 종교적 문제에 있어, 기본적인 물음은 언제나 "그 사실이 참인가?"이다.

라비 자카리아스는 논리 법칙에 대해 유익한 견해를 피력한다. 먼저, '양자 택일 원칙' (비모순의 법칙)이 있다. 예수 그리스도는 하나님이시거나 하나님이 아니시다. 참이든 참이 아니든 둘 중 하나이다.

예수 그리스도가 하나님이시라면, 브라마나 그 외 무수한 신들은 하나님일 수 없다. 성경의 가르침대로 예수 그리스도가 창조주시라면, 브라마는 창조주가 아니다. 이것 아니면 저것이다. 앞에서 예를 든 석탄산은 해롭거나 아니면 해롭지 않다.

한 사람은 "버스가 오고 있지 않으니 나는 길을 건널 거야."라고 말한다. 다른 한 사람은 "버스가 오고 있으니 나는 길을 건너지 않을 거야."라고 말한다. 두 사람의 말 중 하나는 참이고 하나는 참이 아니다.

이와 반대되는 논리는 '양자 모두 원칙'이다. 이 논리에 의하면, 브라마와 예수님 둘 다가 참된 하나님이시다. 이것은 다신론적 견해이다. "당신이 원하는 만큼 많은 신을 가져라."라는 말도 이런 맥락에서 이해된다.[2]

'양자 모두 원칙'을 적용하면 우리의 사고는 난관에 봉착한다. 예를 들어, 창조에 대해 생각해 보라. 어느 신이 세상을 창조했을까? 어느 신이 생명에 관한 진실을 알려줄까? 어느 신에게 기도해야 할까? 어느 신이 선하거나 악한지 어떻게 알 수 있을까?

또한 예수 그리스도의 신성 및 죽으심과 부활에 대해 생각해 보라. 기독교는 이 사실들을 핵심 메시지로 확언한다. 반면 이슬람교는 그리스도의 신성, 죽으심과 부활을 부인한다. 이 중요한 사항과 관련하여, 서로 모순되는 두 견해 중 하나는 그릇되다. 이들 두 종교를 신실하게 믿는 자들이 아무리 많더라도, 둘 다 동시에 참일 수는 없다.

종교들의 유사성에 대한 얘기는 많다. 모든 종교가 근본적으로 똑같으며 약간씩 다른 용어로 같은 주장을 하고 있다고 생각하는 그리스도인도 많다. '양자 모두 원칙'을 적용하려는 태도는 모든 종교를 동일시하게 한다. 예를 들어, "이슬람교와 기독교 둘 다 진리이다." 하는 식이다. 종교들 간에 유사점들이 보일 수도 있지만 차이점이 훨씬 더 많다.

황금률만으로 충분한가

종교들 간의 유사점 중 하나는 황금률에 대한 믿음이다. 이것은 거의 모든 종교 속에 포함되어 있다. 다른 사람들에게서 받고자 하는 대로 그들에게 행하라는 가르침은, 공자 시대로부터 여러 가지 유사한 형태로 제시되어 왔다. 때로는 이것이 기독교의 본질로 여겨지기도 한다. 예수 그리스도의 가르침이 산상수훈과 황금률뿐이라면, 우리는 낙심에 빠질 수밖에 없을 것이다. 이 가르침을 항상 지킬 수 있는 사람은 없기 때문이다. 우리의 문제는 무엇을 해야 하는지 모르는 것이 아니라, 유익하고 도덕적이며 선하고 올바르고 정직하며 친절한 줄로 아는 것을 행할 능력이 없다는 것이다.

예수 그리스도는 황금률을 가르치기만 하신 것이 아니라, 지킬 수 있도록 돕기 위해 오셨다. 이것이 기독교와 다른 종교들과의 주요 차이점이다. 그분은 올바로 살 수 있는 힘을 우리에게 주시며, 거저 주시는 선물로서 용서를 베푸신다. 그분은 우리에게 '새' 생명과 그분 자신의 의를 주신다. 우리는 다시 시작할 수 있다. 그분은 우리 스스로 할 수 없는 일을 우리를 위해 행하신다.

기독교의 근간

하나님의 이 같은 행위들이 너무 은혜로워서 우리가 이해하기 힘들 정도라면, 하나님의 성품을 간략히 살펴보는 데서 시작하는 것이 좋다. 마크 미텔버그와 빌 하이벨스는 『예수를 전염시키는 사람들』이라는 책에서 하나님의 성품 세 가지를 설명한다.

> 첫째, 하나님은 '자애로우시다.' 우리를 지으시고 교류하길 바라시는 것은 그분의 긍휼 때문이다. 그분은 끈기 있게 우리를 사랑하신다. 많은 사람은 여기서 멈추려 하지만 언급할 필요가 있는 사항들이 더 남아 있다.
> 둘째, 하나님은 '거룩하시다.' 이는 그분이 절대적으로 순전하시며 불순한 모든 것으로부터 분리되심을 뜻한다.
> 셋째, 하나님은 '의로우시다.' 달리 말해서, 그분은 범죄 사실을 간과할 수 없는 선한 재판관과 같으시다. 그분은 반드시 공의를 행사하신다.[3]

우리의 기준으로 가장 이해하기 힘든 것은 하나님이 전적으로 우리와 분리되어 존재하신다는 사실이다. 힘없는 자에게 가해지는 무자비한 악행에 대해 분노할 때, 우리는 악을 혐오하시는 하나님의 마음을 어렴풋이 읽을 수 있다. "악은 모든 모양이라도 버리라"고 성경은 말한다. 공의는 하나님의 성품이다. 하나님의 거룩은 무한하다. 우리가 생각하는 거룩의 기준을 나무 높이에 비한다면 하나님의 기준은 달만큼 높다. 한 대학원생이 내게 진지하게 말했다. "하나님이 상대평가를 매기신다면, 저는 괜찮을 거예요." 그는 자신의 삶과 도덕 수준이 중간 정도일 것이라고 생각했다. 그에게 있어 하나님은 설정된 지침을 지닌 교수와 같은 분이시다.

성경적 기독교의 핵심을 간략히 요약하는 의미에서, 성경에서 가장 널리 인용되는 구절인 요한복음 3:16을 살펴보자.

하나님이 세상을 이처럼 사랑하사

하나님은 당신의 피조물인 우리 각자를 지극히 사랑하신다. "이처럼 사랑하사"라는 표현은, 하나님이 우리를 어머니가 자녀를 돌보는 것보다 혹은 아버지가 가족을 부양하기 위해 노예처럼 일하는 것보다 더 사랑하심을 뜻한다. 하나님은 우리 각자를 돌보신다.

독생자를 주셨으니

예수 그리스도는 우리를 구속하시기 위해, 진리와 생명이 되시기 위해 이 땅에 오셨다. 우리의 모든 윤리적, 도덕적 처방이 실패했다. 우리는 하나님의 길에서 벗어났다. 우리에게는 구주가 필요하다. 이는 우리가 하나님을 향해 나아가는 것이 아니라 하나님이 우리를 위해 내려오시는 것을 뜻한다. 그분은 더 많은 법규를 만들어도 소용없음을 알고 계셨다.

그 대신 거룩하고 의로우신 하나님이 이 땅에 오셨고, "자기 백성을 저희 죄에서 구원할 자"마태복음 1:21이시므로 예수라 불리셨다.

이는 저를 믿는 자마다

이것은 모든 이들을 향한 말씀이다. 그분은 당신께 나아오는 모든 이들을 사랑으로 영접하신다. "아멘, 저는 주님이 필요합니다."라고 말하는 사람은 누구나 응답받을 것이다. 그분은 신령한 도움과 용서를 베푸신다. 새 생명을 주시며 당신과의 관계를 굳건하게 하신다. 당신 자신을 그분께 맡기라. 그러면 당신은 그분의 의도에 맞는 참된 자아를 발견할 것이다.

멸망치 않고 영생을 얻게 하려 하심이니라

그분은 죄와 허물로 인해 멸망에 처할 당신을 구원하며 구속하신다. 당신은 용서받을 것이며, 얽매인 악습으로부터, 지속적 공허감과 반복되는 죄로부터 자유로워질 것이다. 비교적 도덕적인 사람의 '자그마한 죄들' 마저 사함 받을 것이다. 영생은 하나님께로부터 제공되는 그분의 생명이다.

사도 바울은 그것을 가리켜 "새 사람"이라고 부른다. 우리의 상황이 어떠하든지, 그분은 우리를 받으시며, 불확실과 공허의 바다로부터 우리를 즐거이 구하신다. 매일 주님 손을 잡고 살아가는 삶을 상상해 보라!

그분을 당신의 삶 속에 영접하는 것은 스스로 살아가는 것이 아니다. "이런 식으로 열심히 하면 하나님의 사랑을 받는다."라고 말하는 것이 아니다. 이것은 물에 빠진 사람을 위한 수영 지침이 아니다. 예수 그리스도께서 친히 오셔서 '인명 구조원'이 되신다.

> 하나님께서 사람이 되신 것은, 단지 옛 사람을 더 낫게 변화시키기 위함이 아니라 전혀 새로운 종류의 사람을 만드시기 위함이다.

은혜의 선물

인명 구조원은 뛰어들어 돕고 구원하는 사람이다. 예수님은 "자기 목숨을 많은 사람의 대속물로" 주기 위해 오셨다고 말씀하셨다. 그분은 우리를 돕기 위해 친히 이 땅에 오신 하나님이다. D. T. 나일스는 다른 종교에서는 사람들로 하여금 최선을 다해 법규를 따르고 선행을 하도록 이끈다고 설명한다. 이들 모두는 그들 자신의 특정한 목표를 달성하기 위해서이다(모든 종교는 나름대로의 유토피아와 행복을 약속한다).

마크 미텔버그는 다른 종교와 기독교 간의 차이점을 분명히 밝힌다. "종교는 '하라'고 말한다. 왜냐하면 그것은 사람들이 하나님의 용서와 은총을 받기 위해 해야 하는 일들로 이루어져 있기 때문이다……감사하게도, 기독교는 '행해졌다'고 말한다."[4]

그리스도인에게 있어서, 선한 행실은 우리의 인명 구조원이 되신 주께 감사하는 데 따른 결과이다. 그것은 그분의 인도하심을 따르려는 헌신과 감사의 표현이다.

하나님의 사랑과 구주로 오신 예수님의 은혜의 비밀은 십자가 죽음에서 밝히 드러난다. 이 무흠하신 신-인God-man께서 잔인하게 살해당하셨고 모든 죄에 대한 징벌을 대신 당하셨다. 그것은 우리가 받아야 할 징벌이었다. 오직 십자가에서만 하나님의 사랑과 공의가 결합한다. 여기서 우리의 도덕적, 인간적 허물들이 용서받을 수 있다. 십자가는 사랑과 용서의 메시지를 전한다. 사랑과 공의가 만족되었다. 윌리엄 레인 크레이그는 심판 날에 그리스도를 뵈었던 세 사람에 대한 이야기를 들려준다.

심판 날에 군중 속의 세 사람이 하나님의 보좌 앞에 섰다. 각자 하나님께 하소연을 털어놓았다. "저는 억울한 누명을 쓰고 교수형을 당했습니다." 하고 한 사람이 비통하게 말했다. "저는 여러 달 동안 질병에 시달리다가 죽었습니다."라고 또 한 사람이 말했다. 이어서 세 번째 사람이 투덜거렸다. "제 아들은 한창 나이에 음주 운전 차량에 부딪혀 죽었습니다." 이들 각자는 잔뜩 분노한 모습으로 하나님께 호소했다. 하지만 손과 발에 못자국이 나고 옆구리에 창 자국이 난 재판관을 보았을 때, 그들은 더 이상 할 말이 없었다. 그들은 구주 앞에 조용히 무릎을 꿇었다.[5]

세 가지 주요 종교

하나님의 이 같은 선물을 다른 주요 종교와 간략히 대조해 보자. 이 종교들은 구원관이나 가르침의 면에서 기독교와는 전혀 다르다.

불교

불교는 B.C. 563년, 북부 인도에서 태어난 고타마 싯다르타로부터 시작되었다. 당시 다른 구도자들처럼, 그 역시 고통에 대한 답과 평안에 이르는 길을 찾으러 순례를 시작했다. 마침내 그는 '큰 깨달음'을 얻고 '열반'을 경험했다. 이 경험이 그의 사상을 형성했고, 그는 '부처' 또는 '깨달은 자'로 알려지게 되었다.

그는 열반을 몰입을 통해 무아의 경지에 들어간 상태로 묘사했다. 열반에 도달하는 것은 마치 촛불을 끄는 것(자아 소멸 또는 전적인 무無)과 같다. 부처가 내린 진단은 네 가지 기본 '진리들'이 되었다. (1) 고통은 보편적이다, (2) 고통의 원인은 욕망이다. 즉 자아에 몰두하는 것이다, (3) 욕망을 제거하는 것이 고통을 치유하는 길이다, (4) 욕망은 깨달음에 이르는 팔정도를 따름으로써 제거된다.

불교의 팔정도는 정견, 정정, 정어, 정업, 정명, 정근, 정사, 정념이다. 욕망 제거는 열반, 즉 우주와의 합일을 이루는 몰아의 경지를 통해 얻는 지고한 행복 상태에 이르기 위한 핵심 주제이자 목표이다.

또한 부처는 '업보'로 알려진 엄격한 인과응보의 법칙을 받아들였다. 이것은 모든 행위에는 금생에서나 내생에서나, 좋은 것이든 나쁜 것이든, 원인이 있다는 법칙이다. 이는 금생에서의 행위에 따라 내생에 어떤 생명체로 다시 태어난다고 하는 윤회 사상과 연결된다. 이는 생명체가 죽을 때 그 생명 또는 영혼의 '불꽃'이 이동하여 다른 몸이나 형체를 이룸을 뜻한다. 부처의 분명한 의도는, 추종자들로 하여금 탄생과 재탄생을 통한 고통과 욕망의 악순환에서 벗어나도록 돕는 것이었다.

힌두교

힌두교에서도 궁극적 목표는 열반이지만, 여기서는 이 용어가 다른 뜻을 지닌다. 열반은 브라마와의 궁극적 재결합이다. 브라마는 3억 3,000만의 힌두교 신들 중 으뜸 신이며, 우주에 가득한 힘이다. 힌두교의 열반 경험은 마치 한 방울의 물이 바다로 돌아가는 것과 같다. 신과의 재결합을 통해 개별성이 사라지지만, 불교의 가르침과는 달리 개인의 정체성을 전적으로 소멸시키려 하지는 않는다.

명상이나 요가는 비인격적 우주 또는 '신'과의 재결합을 위한 방편이다. 이 수행 방법들은 감각 세계를 환상으로 보는 견해를 근거로 한다. 독실한 힌두교도에게 있어, 열반은 출생, 삶, 죽음, 재출생이라는 연속적 순환을 통해 얻는 것이다. 어떤 짐승이나 곤충이나 사람이 죽으면, 곧바로 다른 형태로 다시 태어난다. 그 생명체의 도덕성에 따라 다음 생에서 더 높거나 낮은 단계의 생명체로 이동한다. 선하게 산 사람은 더 많은 위안과 더 적은 고통이 있는 단계로 올라간다. 악하게 산 사람은 고통과 가난이 더해지는 단계로 내려간다. 매우 악하게 산 사람은 사람으로 다시 태어나지 않고 짐승이나 곤충으로 환생한다.

금생의 수확을 내생에서 거두는 것을 가리켜 업의 법칙이라고 부른다. 힌두교도가 심각한 공중위생 문제에도 불구하고 그들이 신성시하는 암소는 물론이고 곤충조차 죽이지 않으려 하는 것도 바로 이 때문이다. 서구인에게는 이상하고 이해되기 힘든 것도 힌두교도에게는 매우 타당한 것으로 받아들여진다.

이슬람교

이슬람교에서 천국은 향락과 도락의 낙원이다. 이것은 세상에서 모든 종류의 방탕한 생활을 엄격히 금하는 삶을 통해 얻어진다. 그 가르침에 의하면 신, 즉 알라는 우주의 주권적 창조주이다. 또한 그는 모든 사람을 궁극적으로 심판하는 자이다. 알라의 선지자 마호메트는 인간인 예수가 하나님일 수 있다는 개념을 거부했다. 예수가 알라의 위대한 선지자이지만 성육신하신 하나님은 아니라는 것이다.

다섯 가지 의무가 이슬람교의 기둥이다. 신앙고백 반복, 메카로의 성지순례, 가난한 사람을 위한 희사, 하루 다섯 차례의 기도, 라마단 단식(한 달 동안 낮에 단식하는 것)이다.

이 세 종교들은 기본적 신념에 있어 기독교와 다르다. 또한 이들은 우리를 구원하고 용서하기 위한 그리스도의 십자가와 대조적인 것으로서의 행위 개념을 제시한다. 확신의 가능성도 없다. 종종 나는 힌두교도와 이슬람교도와 불교도에게 죽으면 열반을 얻거나 낙원에 들어가겠느냐고 묻는다. 하지만 지금까지 긍정적인 대답을 한 번도 들은 적이 없다. 오히려 그들은 자신의 미흡한 삶이 장애 요인이라고 말한다. 그들의 신념에는 확신이 없다. 결국 구원은 공덕을 쌓으려는 개인의 노력에 전적으로 의존한다.

『인간 폐지』라는 책에서 C. S. 루이스는, 모든 종교에는 나름대로의 도덕적 교훈이 들어 있음을 지적한다. 하지만 기독교의 의미심장하고 중요한 차이점은 살아계신 그리스도에 있다. 믿는 이들 각자의 심령 속에 내주하시는 그분의 성령이 하나님의 가르침에 순종할 힘을 제공하신다. 하나님의 아들을 믿고 그분의 인도에 따르려는 이들에게 성령이 임하신다.

신 개념

근본적인 신神 개념마저 다양한 차이점을 보인다. 신 개념과는 상관없이 신을 믿는다고 말하는 모든 이와 연합할 수 있다고 말하는 것은 무모한 자세이다.

통념과는 반대로, 부처는 신성을 주장했던 적이 없다. 사실 그는 신의 존재 여부에 대해서도 불가지론을 피력했다. 신의 존재를 믿었다면, 부처는 개인적으로 해탈에 이를 수 없다고 가르쳤을 것이다. 그의 가르침에 의하면, 각자가 스스로의 힘으로 해탈에 이르러야 한다.

힌두교의 가르침은 범신론적이다. '범'이란 '전부'를 뜻한다. 힌두교인들은 신과 우주가 동일하다고 믿는다. 그들의 사고에서는 '마야' 개념이 핵심이다. '마야'는 물질계를 환영으로 보는 이원론적 개념이다. 힌두교에 따르면, 우리는 자신이 인격적 존재라고 생각하지만 사실은 그렇지 않다. 우리는 자신이 인격적이라고 생각하기 때문에 고통을 겪지만 실상은 인격적이지 않다. 이 철학에 의하면, 모든 사유와 감정은 환영적이다. 실재는 영적이며 비가시적이다. 브라마는 궁극적 실재이며 보편적 영혼이다. 모든 것이 신이므로, 모든 사람은, 사실상 존재하는 모든 것은 브라만이다.

불교도 물질계가 환영이라고 가르친다. 동양 철학을 믿기보다는 인격적이신 하나님과 질서정연한 우주를 믿는 그리스도인을 통해 현대 과학이 탄생한 것은 당연한 일이라 하겠다. 대부분의 과학적 진전이 동양보다는 서양에서 이뤄진 것도 바로 이 때문이다. 환영이라고 믿는 것을 탐구할 사람이 어디 있겠는가?

이슬람교와 유대교의 신은 기독교의 신 개념과 유사하다. 여기서 하나님은 인격적이며 초월적이시다. 피조물로부터 분리되어 존재하신다.

그러나 이슬람교의 신(코란에서는 '알라'로 지칭됨) 개념을 고찰해 보면, 그는 예수 그리스도의 아버지 하나님이 아니라 전적으로 초월적인 신이다. 알라에 대한 지식은 코란에서 비롯되며, 코란은 마호메트에게서 나온 것이다. 그는 자신이 알라의 마지막 선지자라고 가르쳤다.

코란에 묘사된 신은 사람들로부터 전적으로 분리된 신이며, 모든 행동에 있어 변덕스럽고, 선은 물론이고 악도 주관한다. 그 신은 독생자를 주기까지 세상을 사랑하시는 하나님이 분명 아니다. 예수 그리스도의 성육신 개념은 이슬람교에서는 전혀 받아들일 수 없는 내용이다. 그토록 장엄하고 초월적인 신이 추악하고 비참한 인생들과 어떻게 접촉할 수 있겠는가? 성자 하나님의 십자가 죽음 역시 이슬람교에서는 이해할 수 없는 개념이다. 왜냐하면 그것은 하나님이 피조물에게 패배했음을 뜻하는 것으로 보이기 때문이다.

불교	신의 존재와 성품에 관하여 본질적으로 불가지론적이다
힌두교	기본적으로 범신론적이지만(신이 만물 속에 있다고 봄) 다신론적이기도 하다(예수를 포함하여 3억 3,000만의 신들이 있다고 봄)
이슬람교	기독교처럼 일신론적이지만, 성육신하신 하나님으로서의 예수님을 거부한다

[표 11.1. 신관들 : 요약]

유대교의 하나님

유대교의 하나님 개념은 기독교의 개념과 가장 비슷하다. 그들이 경배하는 하나님은 우리가 받아들이는 구약성경의 하나님이 아니신가? 이 점에 대해 공감을 표할 수도 있다.

하지만 자세히 살펴보면, 대다수의 유대인은 하나님이 예수 그리스도의 아버지이심을 받아들이지 않는다. 어떤 유대인은 예수님을 위대한 사람으로 믿지만 메시야(구주)로 믿지는 않는다. 사실 예수님 당시에 그토록 격렬한 언쟁을 유발한 것도 바로 이 문제였다. 당시 종교 지도자들은 예수 그리스도께 "사람인 네가 스스로 하나님이라고 주장하기 때문에 우리는 너를 받아들일 수 없다."고 했다. 그들의 입장에서 예수님의 주장은 분명한 신성모독이었다.

유대교 지도자들과의 대화에서, 예수님도 이 문제를 다루셨다. 그들이 "하나님은 우리 아버지시다."라고 말했다. 그때 예수께서 그들에게 "하나님이 너희 아버지였으면 너희가 나를 사랑하였으리니 이는 내가 하나님께로 나서 왔음이라……하나님께 속한 자는 하나님의 말씀을 듣나니 너희가 듣지 아니함은 하나님께 속하지 아니하였음이로다."라고 하셨다 요한복음 8:42, 47.

분명 유대교 지도자들은 신실한 탐구자가 아니었다. 사람들이 참되신 하나님을 찾고 있다면, 그들의 신실성이 분명히 드러날 것이며 그들의 노력에 따른 대가가 주어질 것이다. 선교 역사상, 다른 신들을 숭배해 왔으면서도 예수 그리스도에 관한 진리를 접했을 때 긍정적 반응을 보인 사람들이 많았다. 그분의 메시지는 그들로 하여금 그분이 참되신 하나님이심을, 즉 그들이 열심히 찾아왔던 분이심을 깨닫게 해준 것이다.

예수 그리스도만이 신성을 주장하시다

세계의 위대한 종교 지도자들 중 신성을 주장하는 이는 그리스도뿐이시다. 마호메트나 부처나 공자에 대해 사람들이 어떻게 생각하는가는 그리 중요하지 않다. 그들을 따르는 자들은 그들의 가르침을 강조한다. 하지만 그리스도의 경우에는 그렇지 않다. 그분은 자신을 교훈의 핵심으로 삼으셨다. 그분이 던지는 핵심 물음은, "너는 나를 누구라 하느냐?"였다. 하나님의 일을 어떻게 해야 하는지 질문받았을 때, 예수님은 "하나님의 보내신 자를 믿는 것이 하나님의 일이니라"고 대답하셨다.요한복음 6:29.

하나님이 어떤 분이신지, 구원의 성격과 그것을 얻는 방법에 대해, 기독교는 다른 종교와 근본적으로 다르다. 우리는 관용이 키워드인 시대에 살고 있다. 하지만 관용은 분명하게 이해되어야 한다. 진리는 그 특성상 오류에 대해 관대하지 않다. 2 더하기 2가 4이면서 동시에 23일 수는 없다. 오직 4만 정답이라고 말하는 사람이 편협한 자로 간주되어서는 안 된다.

종교적 문제에도 같은 원칙이 적용된다. 물론 우리가 다른 관점에 대해서도 관대해야 하고 다른 이들의 입장도 존중해야 하지만, 서로 모순되는 것들을 포함한 모든 관점을 관용이라는 이름으로 동일하게 타당한 것으로 인정할 수는 없다. 그렇게 하는 것은 넌센스이다.

하나님께 이르는 유일한 길

"당신이 무언가를 믿는 한 그 믿음의 대상이 무엇인지 중요하지 않다."는 말은 참되지 않다. 600만 명의 유대인을 죽인 히틀러의 살육도 인종 우월주의라는 나름대로의 진지한 신념에 근거했지만, 그는 치명적 잘못을 범했다. 우리의 믿음은 참된 것이어야 한다. 예수님은 분명히 "내가 곧 길이요 진리요 생명이니 나로 말미암지 않고는 아버지께로 올 자가 없느니라"고 하셨다요한복음 14:6. 우리가 참되고 살아계신 하나님을 개인적 경험을 통해 알려고 한다면, 그것은 오직 예수 그리스도를 통해서일 것이다.

■ **보다 깊은 고찰을 위한 추천 도서**

Anderson, Norman. *Christianity and World Religions*. 재판, Downers Grove, Ill.: InterVarsity Press, 1984.

Corduan, Winfried. *Neighboring Faiths*. Downers Grove, Ill.: InterVarsity Press, 1998.

Enroth, Ronald M. *A Guide to Cults and New Religions*. Downers Grove, Ill.: Inter-Varsity Press, 1984.

Sire, James W. *The Universe Next Door: A Basic Worldview Catalog*. Downers Grove, Ill.: InterVarsity Press, 1997. 『기독교 세계관과 현대사상』, 2007년, 한국기독학생회출판부

스 | 터 | 디 | 가 | 이 | 드

1. 많은 사람이 모든 종교가 같은 신을 섬기되 신의 이름을 다르게 부를 뿐이라고 믿는다. 이런 주장을 반박하기 위해 폴 리틀은 주요 종교, 즉 불교, 힌두교, 이슬람교, 기독교를 간략히 설명한다. 각 종교의 궁극적 목표와 그 목표를 달성하는 방법, 신 개념을 포함한 핵심 사항들을 요약해 보라.

2. 기독교와 다른 종교들 간의 가장 큰 유사점은 무엇인가? 가장 큰 차이점은?

3. 종교들의 장단점을 서로 비교함으로써 얻을 수 있는 유익은 무엇일까?

4. 이 같은 비교를 통해 참된 종교를 선택할 수 있을까?

5. 유대교 지도자들이 "하나님은 우리 아버지시다."라고 말했다. 그때 예수께서 그들에게 "하나님이 너희 아버지였으면 너희가 나를 사랑하였으리니 이는 내가 하나님께로 나서 왔음이라……하나님께 속한 자는 하나님의 말씀을 듣나니 너희가 듣지 아니함은 하나님께 속하지 아니하였음이로다."라고 하셨다(요한복음 8:42, 47). 신실함은 그리스도를 받아들이기 위한 유일한 전제인가?

6. 당신이나 어떤 신실한 구도자가 그리스도를 발견하거나 그분을 온전히 신뢰하려면 어떤 유형의 치유가 필요할까?

7. 예수 그리스도를 통해 하나님께 소망을 두는 이유들의 목록에 새로 깨달은 사항을 첨가해 보라.

오 | 늘 | 의 | 한 | 마 | 디

그것이 참된 길이라면, 한 길만으로도 좁지 않다.

Know Why You Believe

chapter 12

기독교적 체험은
타당한가

기독교적 체험은 타당한가

한 젊은 법학도가 말했다.

"당신이 탁자 위 램프 속에 하나님의 속성과 똑같은 것이 담겨 있다고 믿는다면, 당신은 그 램프로부터 동일한 응답을 받을 수 있다."

이 똑똑한 회의론자는 수많은 사람의 생각을 대변하고 있다. 기독교적 체험이란 완전히 개인적이고 주관적일 뿐, 객관적이고 영원하며 보편적 타당성을 갖지는 못한다는 것이다. 이런 생각의 이면에는, 무한히 합리화할 수 있는 것이 사람의 마음이라는 전제가 자리 잡고 있다. 하나님을 향한 믿음은 단지 소원 성취를 바라는 마음일 뿐이라는 것이다.

또한 이런 견해는, 기독교란 버팀목 없이는 삶을 헤쳐 나갈 수 없는 정서 장애인을 위한 것이라는 가설을 바탕으로 한다.

그리스도인의 회심이 세뇌에 의해 야기된 심리학적 경험으로 간주되기도 한다. 뛰어난 복음 전도자는 단지 심리 조종의 달인일 뿐이다. 그가 청중에게 맹포격을 가하고 나면, 청중은 그의 손아귀에 사로잡히고 만다. 그가 적절한 시점에 적절한 방법으로 결단을 요청하면 사람들은 시키는 대로 순순히 따르게 된다는 것이다.

더 심한 견해를 피력하는 사람들도 있다. 그들은 기독교적 체험이 곧바로 해를 끼치는 경우도 있다고 주장한다. 그리스도를 믿게 된 후 불신자 부모에 의해 정신과 의사에게 끌려가는 학생들이 더러 있다. "정신병원에 있는 광신자들을 봐. 종교가 사람을 저 지경으로 만들었어."

하지만 이런 식으로 생각하는 자들은 앤소니 스탠던이 지적했던 '공통 요인 오류'에 빠진 셈이다. 그들을 정신병자로 만든 것은 종교가 아니라 정신병자들에게 공통적으로 작용한 다른 어떤 공통 요인이라는 것이다. 따라서 그것을 종교 탓으로 돌리는 것은 오류이다.

그는 월요일마다 위스키와 소다수를 마시는 사람에 대해 말한다. 이 사람이 화요일에는 브랜디와 소다수를, 수요일에는 진과 소다수를 마신다. 무엇이 그를 술고래로 만들었을까? 분명 공통 요인은 소다수이다![1]

마지막 정거장

많은 사람에게 있어, 교회는 정신병원에 수용되기 전 마지막으로 거치는 열차 정거장 정도로 여겨진다. 그만큼 정신적으로 문제가 많은 사람이 모인다는 것이다. 하지만 정말 무분별한 사람을 주의 깊게 살펴보면, 종교 생활에서뿐만 아니라 삶의 다른 영역에서도 불균형과 허구성이 드러날 것이다.

오히려 상대방의 상황에 상관없이 모든 이들에게 도움을 제공하는 것은 교회의 자랑이다. 물론 영적 이유로 인해 어떤 정서 장애가 생길 수 있다. 하지만 우리에게 어떤 도전이 닥치든, 예수 그리스도를 통해 하나님과의 관계를 돈독히 하면 평안과 치유를 얻을 수 있다.

어떤 경우에는 기독교적 체험의 타당성에 대한 편견이 너무나 심해서 학위를 거부당하기도 한다. 미국의 어느 명문대에서 공부하는 한 친구는 철학박사 학위 수여를 거부당했다. 그는 "하나님을 그런 식으로 믿다니 자네는 미쳤어."라는 말을 들었다.

어떤 회의론자들은 모든 기독교적 체험은 조건반사에 기초하여 설명할 수 있다고 한다. 이 생각은 유명한 러시아 과학자 파블로프의 실험에 근거한 것이다. 그는 개의 입과 위 속에 소화액 측정 장치를 넣었다. 그리고 개에게 먹이를 줄 때마다 종을 울렸다. 이 실험을 한 동안 반복한 후, 먹이를 주지 않고 종을 울려도 그 개는 침을 흘렸다.

여기서 추론된 사실은, 어떤 대상자에게 특정한 상황을 반복함으로써 원하는 신체적 반응을 유도할 수 있다는 것이다. 이 견해를 옹호하는 자들은, 모든 정치적, 사회적, 종교적 전향 사례들을 이 같은 조건반사 개념으로 설명할 수 있다고 말한다.

이것은 심각하고 광범위한 영향을 미치는 비난이며, 이 중 일부는 그럴 듯하게 들리기도 한다.

기독교적 체험은 타당한가

어떤 상황에서는 인간의 감정이 조종될 가능성이 있음을 우리는 인정해야 한다. 또한 의식적으로든 무의식적으로든, 심각한 이야기나 일부러 꾸민 연기 따위로 청중의 감정을 자극하는 교사들이나 설교자들이 있다는 점도 인정해야 한다.

씨 뿌리는 자의 비유에서, 예수님은 감정만 자극하는 것에 대해 분명히 경고하시면서 돌밭에 떨어진 씨에 대해 묘사하신다. 감정에 호소하는 기독교 메시지는 처음에는 기쁨으로 받아들여지지만 그 뿌리가 결코 깊이 자라지 못한다. 메시지를 받은 사람은 잠시 동안은 견디지만, 어려움이 닥치면 이내 확신을 잃고 만다. 그는 방향을 돌이켜 곁길로 빠진다.

이 비유에서 시사하듯이, 우리가 하나님과 예수 그리스도에 관해 들을 때 우리의 감정이 움직일 수 있다. 힘든 시기에 직면하면, 장밋빛 그림은 사라진다. 인생이란 대체로 문제 해결 과정임을 우리는 알고 있다. 항상 즐거운 날만 있는 것이 아니다. 감정에는 기복이 있고 심지어 날씨에 따라 변할 수 있다.

기독교 진리가 감정에 의존하지 않는다는 것은 복된 소식이다. 불확실할 때에는 사실을 돌아보는 것이 유익하며, 그럴 때 우리는 보다 깊은 신앙을 발견할 것이다.

의지의 문제

기독교 정신병 의사 오빌 S. 월터스는, 의지란 감정과 지성이라는 두 마리의 말들이 끄는 짐마차와 같다고 설명했다. 어떤 이들의 경우에는 의지가 감정에 더 빨리 반응한다. 보통의 경우에는, 주로 생각이 의지를 작용시킨다. 어쨌든 모든 경우에 있어 참된 믿음은 의지의 결단을 수반한다.[2]

우리는 변하기 쉬운 감정적 반응의 가능성도 인정하지만 기독교적 체험 전부를 심리적 근거에서 설명할 수는 없다. 그렇게 하는 것은 사실과 맞지 않다. 다른 분야에는 물론이고 여기에도 적용될 수 있는 원칙을 하나 살펴보는 것이 좋겠다. 어떤 것을 묘사하는 것은 그 실재를 설명하는 것과 같지 않다. 분명, 기독교적 체험을 심리학적으로 묘사할 수는 있지만, 그런 묘사를 통해 그것의 발생 이유를 설명하거나 그 실재를 부정하지는 못한다.

우리는 거저 베푸시는 하나님의 과분하고 참된 사랑의 실재를 묘사해 왔다. 거기서 더 나아가, 그것을 확신하며 받아들이는 경험은 기쁨과 내적 만족을 누리게 한다.

한 현자는 "여호와의 선하심을 맛보아 알지어다" 시편 34:8라고 했다. 예수 그리스도께서 살아계신 하나님의 아들이시라는 가설을 인생의 실험실에서 스스로 확증하라. 하나님의 객관적 계시와 짝을 이루어, 개개인의 기독교적 체험은 복음의 진실성에 대한 확신을 갖게 해줄 것이다.

조건반사

기독교적 체험이 단지 조건반사에 불과할까?

첫째, 과연 사람과 짐승을 비교하는 것이 타당한 방법일까? 사람은 이성과 비판 능력을 가지고 있으며, 짐승과는 판이하게 구별되는 자기 분석과 자기 성찰, 자기 비판 능력을 가지고 있다.

윌리엄 사강의 『정신을 위한 전투』Battle for the Mind라는 책을 읽고, 마틴 로이드존스는 이렇게 반박한다. "짐승과 인간을 구별시켜주는 것들이 심하게 억눌리는 끔찍한 스트레스로 인해 사람이 당분간 짐승 수준으로 전락하고 마는, 전쟁 때와 같은 경우에만 그런 비교가 가능하다."[3]

둘째, 우리가 조건반사에 충실한 존재에 불과하다면, 인류가 긍지를 갖는 위대한 영웅적 행동이나 자기 희생도 그 사실로써 설명되어야 한다. 그런 행동들도 특정 상황에서 주어진 자극에 대한 반응에 불과해야 한다.

논리적으로, 인간 행동에 대한 결정론적 견해는 도덕적 책임을 배제시킨다. 일어날 일은 어쩔 수 없이 일어날 것이며 나는 그것을 바꾸지 못한다. 일어나는 일은 "내 잘못이 아니다. 그것은 나의 유전자 탓이다." 철학적으로 결정론적 관점을 지닌 자들도 일상생활에서는 이 같은 숙명론적 입장을 거부하는 경향이 있다. 여느 사람들과 마찬가지로, 그들 역시 절도를 당하면 도둑이 속히 잡히길 원한다.

조건반사는 부인할 수 없는 기독교적 체험에 대해 말하는 수많은 사람을 설명하지 못한다. 기독교 가정에서 자란 사람들 중에도 그리스도인이길 한사코 거부하는 자들이 허다하다.

그런가 하면, 신앙의 배경도 지식도 갖추지 못했지만 그리스도인이 되는 사람들도 부지기수이다. 하나님과 인간의 구원에 관해 처음 듣고 곧바로 그리스도인이 된 사람들을 나는 많이 알고 있다. 반대로 그리스도를 믿기로 결정하기 전에 증거 자료를 거듭 연구하는 이들도 있다.

기독교로 회심한 자들은 한결같이 개인적 내적 확신을 간증한다. 전심으로 예수 그리스도께 의탁하면 주관적 체험을 하기 마련이다. 가시적으로 변화된 삶은 거짓되거나 피상적이지 않다. 수많은 사람이 이 사실을 증언할 수 있다.

탁자 위에 램프를 놓고 적극적 사고방식으로 그런 결과를 얻을 수는 없을 것이다. 적극적 사고방식만으로는 우리를 돌보시는 살아계신 창조주께 대한 믿음을 가질 수가 없다. 앞에서 언급된 법학도가 한 주간 강의를 들은 후 자신의 삶을 그리스도께 헌신했다는 사실에 대해 나는 몹시 감사하게 여긴다.

자기 최면의 희생자인가

하지만 기독교에 대해 생각할 때 우리가 자기 최면의 희생자인지 아닌지 어떻게 알 수 있을까? 단지 허세를 부리고 있지 않은지 어떻게 알 수 있을까? 그 같은 주관적 경험은 아무 것도 입증해주지 않는다.

의문을 유발할 수 있는 경험을 주장하는 사람들도 많다. 우리의 확신을 뒷받침해줄, 경험 이상의 그 무엇이 있어야 한다. 그것이 없다면 우리는 난관에 빠질 수 있다.

예를 들어, 어떤 사람이 왼쪽 귀에다 계란 프라이를 걸치고 교회당으로 들어선다고 생각해 보라. 그가 상기된 표정으로 말한다. "오, 진정 이 계란이 내게 기쁨과 평안과 삶의 목적과 죄 사함과 살아갈 힘을 줍니다!"

당신은 그에게 뭐라고 말하겠는가? 그의 체험 자체를 부정하는 말을 할 수는 없다. 개인적 증언은 반박될 수가 없다. 예수님의 치유를 체험했던 소경은 자신에게 제기되는 여러 질문에 대답할 수 없었지만, 볼 수 있다는 사실에 대해서만은 확신했다요한복음 9장. 그의 증언은 설득력이 있었다.

하지만 우리는 계란 프라이를 가지고 온 사람에게 몇 가지 질문을 던질 수 있다. 이는 그리스도인도 언제나 대답할 준비를 갖추어야 할 질문들이다.

첫째, 계란 프라이를 통해 그 같은 체험을 한 사람이 또 있는지 물어볼 필요가 있다. 아마 그는 그렇다는 대답을 하기 힘들 것이다. 몇 년 전 해리 아이언사이드가 설교를 하는 중에, "세계를 위해 기독교가 한 일보다 무신론이 한 일이 더 많아!"라는 야유를 들었다.

"좋아요!" 아이언사이드가 말했다. "자신의 삶이 무신론에 의해 더 좋게 변한 사람 100명을 내일 밤 데려오시오. 그러면 나는 기독교에 의해 변화된 사람 100명을 데려오겠소."

말할 것도 없이, 그 야유자는 다음날 밤 나타나지 않았다. 예수 그리스도를 통한 경험을 증언할 그리스도인은 인종과 나라와 직업에 상관없이 허다하다.

둘째, 우리는 그에게 계란 프라이에 대해 물어 봐야 한다. 그의 주관적이며 내적 체험과 연결되는 객관적 실재는 무엇인가? 그가 자기 최면의 희생자가 아님을 어떻게 알 수 있을까? 물론 그는 아무 말도 못할 것이다.

기독교에 있어서는, 개인의 주관적 체험이 그리스도의 부활이라는 객관적이고 역사적인 사실과 연결된다. 그리스도께서 죽은 자 가운데서 다시 살아나지 않으셨다면, 우리는 그분을 경험하지 못할 것이다. 우리가 그분을 실제로 알 수 있는 것은 그분이 죽은 자 가운데서 살아나셨고 지금도 살아계시기 때문이다.

객관적이며 역사적인 사실

기독교적 체험은 허구에 대한 신념에서 비롯된 것이 아니다. 그것은 신입생을 골탕 먹이려는 선배들 때문에 하룻밤 동안 철로에 묶여 있다가 공포심으로 죽은 소년과 같지 않다. 그 소년은 열차가 5분 내에 지나갈 것이라는 말은 들었으나, 바로 옆 철로로 열차가 지나갈 것이라는 말은 듣지 못했다. 그는 철로가 하나뿐이라고 생각했다. 열차가 다가오는 소리를 들었을 때 그는 심장마비로 죽었다. 기독교는 없는 것을 있다고 말하지 않는다.

그리스도께서는 실제로 살아 계시기 때문에, 우리 속에 거하실 수 있다. 우리가 "난 예수 그리스도께서 나를 용서하셨음을 알아."라고 말할 수 있다면, 이것은 이야기의 절반을 아는 것이다.

다른 절반은, 그분이 죽은 자 가운데서 살아나셨다고 하는 객관적, 역사적 사실 때문에 그분의 살아 계심을 우리가 알고 있다는 것이다. 우리의 개인적이며 주관적 체험은 객관적, 역사적 사실에 근거한 것이다.

고통 가운데서 외부적 힘에 의존하려는 사람의 진실성에 대해 설명하면서, J. B. 필립스는 이렇게 말한다.

"내가 주관적 현상들을 묘사하고 있다는 점을 나는 잘 알고 있다. 하지만 중요한 것은, 내가 관찰한 내용이 용기, 믿음, 소망, 기쁨, 인내 등의 객관적 현상들로 판명된다는 사실이다. 또한 이 특성들은 매우 쉽게 관찰될 수 있다. 모든 것을 과학적 수단으로 입증하길 원하는 사람은 점술이나 투시력이나 염력 따위에 대해서는 '실험'을 요구할 수 있을 것이다.

하지만 인간의 심령을 탐구함에 있어서는 인간의 삶 자체를 '실험실'로 보지 않는 한 실험 같은 것은 불가능하다. 사람이 기질상의 변화나 자신의 삶을 이끄는 믿음을 객관적으로 보여줄 수 있는 것은 오직 자신의 삶을 통해서이다."[4]

부유하든 가난하든, 지위가 높든 낮든, 사람의 결핍 상태는 비슷하다. 라비 자카리아스는 데이비드 프로스트가 억만 장자 테드 터너와 인터뷰한 내용을 소개한다. 자신의 인생에서 후회스러운 부분이 있는지 묻는 예상치 못한 질문에, 터너의 얼굴이 갑자기 우울한 빛을 띠었다. 그는 침울한 어투로, "있죠. 첫 아내에게 잘해주지 못했던 것입니다."라고 말했다.[5]

그리스도의 역동적 개입을 경험할 수 있는 것은 개인적 실패나 후회나 상실에 직면할 때이다. 그분은 우리의 가장 깊은 결핍 상태에서 우리를 만나신다.

목적과 방향

그리스도는 삶의 목적과 방향을 제시하신다. "나는 세상의 빛이니 나를 따르는 자는 어두움에 다니지 아니하고 생명의 빛을 얻으리라" 요한복음 8:12.

많은 사람이 자신의 전반적인 삶의 목적이나 구체적인 삶과 관련하여 어둠 속에 있다. 그들은 전등 스위치를 찾으려고 삶이라는 방 속에서 더듬거린다. 캄캄하고 낯선 방 속에 있어 본 사람이라면 누구나 이 불안감을 안다. 그러나 불이 켜지면 안도감이 생긴다. 어둠으로부터 그리스도 안에 있는 생명의 빛으로 걸어나갈 때에도 그러하다.

하나님은 그리스도 안에서 위대한 삶의 목적을 우리에게 제시하시며, 당신의 그 영원한 목적에 부합하게 하신다. 그리스도인은 시간 속에서는 물론이고 영원을 위해서도 산다. 우리가 일평생 하나님의 목적에 따라 살며 "너희가 먹든지 마시든지 무엇을 하든지 다 하나님의 영광을 위하여 하라" 고린도전서 10:31 는 권면에 순종할 때, 우리의 일상마저 변화된다. 이 목적이 삶의 모든 국면을 둘러싼다.

또한 그것은 무궁하고 영원한 목적이다. 분명 비그리스도인은 가족, 직업, 돈과 같은, 제한된 만족을 주는 일시적 목적을 가지고 있다. 하지만 이런 것들은 기껏해야 무상하며 상황이 변함에 따라 사라진다.

실존주의 철학자들에 의해 묘사되었듯이 무의미하고 부조리한 이 시대에, 그리스도의 확실한 교훈보다 더 강력하고 의미 있는 것은 없다.

하나님을 위해 지음 받았다

카를 구스타프 융은, '우리 시대의 핵심적 신경증은 공허감'이라고 말했다. 돈, 명성, 성공, 권력 또는 다른 외부적인 것들을 갖지 못했을 때, 우리는 이것들을 획득하면 행복해질 것이라고 생각한다.

하지만 많은 사람은 이 같은 것들을 얻고 난 후의 환멸에 대해, 그런 후에도 사람은 여전히 비참한 인생이라는 깨달음에 대해 증언한다. 인간의 심령은 '빵만으로는', 즉 물질적인 것만으로는 결코 만족함을 얻을 수 없다. 우리는 하나님을 위해 지음 받았고 그분 안에서만 안식을 찾을 수 있다.

자동차가 아무리 번들거리고 고성능이며 온갖 장비로 가득하더라도, 물을 연료로 달리지는 못한다. 자동차는 휘발유로만 움직이도록 만들어졌다. 마찬가지로 사람은 오직 하나님 안에서만 만족을 찾을 수 있다. 하나님이 친히 우리를 이런 식으로 만드셨다.

기독교적 체험은 그리스도와의 개인적 관계 속에서 참된 만족을 얻게 한다. 그리스도는 "내가 곧 생명의 떡이니 내게 오는 자는 결코 주리지 아니할 터이요 나를 믿는 자는 영원히 목마르지 아니하리라"요한복음 6:35고 말씀하셨다.

그리스도를 체험하는 사람은 내적 만족과 기쁨과 영적 활력을 얻고 이로 인해 상황을 초월할 수 있다. 바로 이 때문에 바울이 "어떠한 형편에든지 내가 자족하기를" 배웠다고 말할 수 있었던 것이다빌립보서 4:11. 이 초자연적 실재가 그리스도인으로 하여금 힘든 상황 속에서도 기뻐할 수 있게 한다.

우리는 평안을 추구한다

'우리 시대의 평화' 라는 말은 우리들 각자의 내면에 자리 잡은 갈망을 표현하고 있다. 우리는 국제적 테러 전쟁이 더 큰 분쟁으로 확산되지 않기를 바란다.

평안은 모든 사람이 추구하는 것이다. 그것을 살 수 있다면, 사람들은 수백만 달러라도 지불할 것이다. 마음과 영혼의 평안을 다루는 책의 판매가 급등하는 것은 그 책들이 수많은 사람의 공감을 불러일으킨다는 것을 뜻한다. 정신병원이 붐비는 것도 마찬가지 이유이다.

예수님은 "수고하고 무거운 짐 진 자들아 다 내게로 오라 내가 너희를 쉬게 하리라"마태복음 11:28고 말씀하신다. 오직 그리스도만이 이해를 넘어선 평안을, 세상이 주지도 빼앗지도 못하는 평안을 주신다. 여러

해 동안 끊임없이 평안을 추구하다가 마침내 그리스도 안에서 그것을 발견한 사람들에 관한 인생 이야기는 매우 감동적이다.

최근에 늘어나는 관계 파탄과 가족 와해 사례들은 우리 시대의 평화 추구 노력이 허망함을 보여준다. 우리는 평안을 얻으려는 마음에서 가시적 죄악이나 은밀한 증오와 시기에 몰두할 필요가 없다. 유용하고 신뢰할 만한 평안의 안식처가 있다. 참되고 지속적인 평안은 오직 그리스도께로부터 온다. 그분은 우리의 화평이시다에베소서 2:14.

근본적인 힘이 필요하다

오늘날의 사회에는 도덕적인 힘이 결여되어 있다. 부모들은 자신과 자녀들을 위해 옳은 것이 무엇인지 알지만, 군중의 분위기에 편승하는 경우가 많다. 자녀들도 이런 태도를 쉽게 받아들인다. 그 결과 사회의 도덕이 급속히 타락한다. 사람들에게 선한 권면만을 하는 것은 암 부위에 요오드를 바르는 것과 같다. 근본적 힘이 필요하다.

기독교는 새 옷을 입히는 것이 아니라 새 사람을 만드는 것이다. 예수 그리스도는 "내가 온 것은 양으로 생명을 얻게 하고 더 풍성히 얻게 하려는 것이라"요한복음 10:10고 말씀하셨다.

예수님은 권능을 주신다. 결박에서 벗어나는 힘과 자유뿐만 아니라, 잘못을 범한 사람들을 용서하고 사랑스럽지 않은 사람들을 사랑하며 보복하려는 유혹을 억제하는 능력도 있다. 거듭난 사람은 새로운 취향과 새로운 욕구와 새로운 사랑을 지닌다. 사실 그는 "새로운 피조물"

이다고린도후서 5:17. 신자들은 사망에서 영적 생명으로 옮겨진다.

죄책감과 고독

기독교적 체험은 죄책감을 해결해준다. 정상인이라면 누구나 죄책감을 느낀다. 사실에 근거하지 않은 죄책감은 불합리한 감정이다. 그러나 어떤 도덕적 범과에 대한 죄책감은 정상적이다. 아무런 죄책감도 없는 것은 비정상이다.

무고한 사람을 의도적으로 살해하고서도 무감각한 사람은 비정상이다. 범죄를 은근슬쩍 합리화해서는 안 된다. 그리스도 안에는 용서를 위한 객관적 근거가 있다. 그리스도께서 우리 죄를 위해 죽으셨다. 우리에게 해당하는 사형을 그분이 대신 당하셨다. "그러므로 이제 그리스도 예수 안에 있는 자에게는 결코 정죄함이 없나니"로마서 8:1.

기독교는 우리의 고독을 달래준다. 고독은 현대 사회의 특징

> 나는 대학 시절 무릎을 꿇었다. 하나님을 하나님으로 인정하고 기도했다. 아마도 그날 밤은 영국에서 가장 완악한 자가 회심한 밤일 것이다. 지금은 내게 너무나 분명한 은혜를, 나 같은 회심자도 받아들이시는 하나님의 은혜를 당시에는 보지 못했다. 탕자는 최소한 자신의 발로 집을 향해 걸어갔다. 하지만 화를 내고 발길질을 해대며 달아날 기회를 엿보는 완악한 탕자에게 문을 열어주시는 사랑의 주님을 제대로 찬양할 줄 아는 사람이 과연 얼마나 있을까? 하나님의 깊으신 은총을 누가 측량할 수 있을까? 하나님의 강경하심이 우리의 부드러움보다 온유하며, 그분의 강요는 우리의 자유이다.
>
> C. S. 루이스, 『예기치 못한 기쁨』

이다. 인구 폭발 시대에 고독한 사람들이 더 많아졌다는 것은 역설적

이다.

그리스도는 우리를 결코 떠나거나 버리지 않는 선한 목자이시다요한복음 10:14. 또한 그분은 우리를 세계 속의 가족의 일원이 되게 하신다.

새 탄생은 새 생명을

끝으로 우리가 기독교적 체험의 타당성을 인식함에 있어, 심리적 묘사에서 끝나서는 안 된다. 예수 그리스도께 나아가 자신의 삶을 그분의 손에 맡기는 사람은 '새롭게 태어나며' 그 속에 하나님의 성령이 거하신다. 마치 아기가 태어나서 새로운 일을 하고 새로운 것을 배우기 시작하듯이, 새 생명도 마찬가지다. 신약성경에는 거듭남에 관해 묘사하는 구절이 많다.

"예수께서 그리스도이심을 믿는 자마다 하나님께로서 난 자니." 요한일서 5:1

"너희가 거듭난 것이 썩어질 씨로 된 것이 아니요 썩지 아니할 씨로 된 것이니 하나님의 살아 있고 항상 있는 말씀으로 되었느니라." 베드로전서 1:23

"그런즉 누구든지 그리스도 안에 있으면 새로운 피조물이라 이전 것은 지나갔으니 보라 새것이 되었도다." 고린도후서 5:17

다음 단계는 창조주 하나님과 관련된 우리의 신분을 깨닫고 그분과 더불어 개인적 관계를 맺는 것이다. 당신은 이미 그분과 연결되었고 그분께로부터 '새 생명'을 받았다. 이제 개인적으로 그분과의 관계를 모색하고 추구하라. 예수께서는 "내가 문이니 누구든지 나로 말미암아 들어가면 구원을 얻고 또는 들어가며 나오며 꼴을 얻으리라"요한복음 10:9고 약속하셨다.

당신은 개인적으로 예수 그리스도께 의뢰한 적이 있는가?

한 젊은이가 하나님과 기독교 신앙과 관련하여 자신을 괴롭혔던 몇 가지 의문을 토로했다. 한참 동안 토론한 후, 마침내 나는 그의 삶을 개인적으로 예수 그리스도께 맡겨본 적이 있는지 물었다. 그는 매우 진지하게 대답했다. "저는 스크린도어와 전동차 문 사이에 끼어 있어요."

자신의 내적 문제를 이보다 더 명확하게 표현할 수는 없을 것이다. 많은 사람이 같은 처지에 놓여 있다. 여전히 바깥에 서 있지만 내면 깊은 곳에서는 안으로 들어가길 원한다. 다행히도 그날 그 젊은이는 '예수님의 이름으로' 하나님께 직접 기도하기로 결심했다. 전에는 그렇게 해본 적이 없었다. 그는 이렇게 기도했다.

"먼저 저는 제 삶 속에 하나님이 필요함을 알고 있습니다. 저의 죄는 크며 저에게는 용서가 필요합니다. 그리고 하나님 아버지, 예수 그리스도를 통해 주께 간구하오니, 제 삶을 이끌고 새롭게 하시며 저의 모든 결정을 인도해주소서."

이어서 그는 자유를 갈망하는 심정으로 자신의 내적 투쟁에 대해 토로했다. 기도가 끝날 무렵, 그는 주께 감사를 드렸다.

그가 문을 열고 들어섰다. 예수 그리스도께서 그를 기다리고 계셨다. 놀랍게도, 하나님은 우리들 각자를 기다리고 계신다.

■ 보다 깊은 고찰을 위한 추천 도서

Farmer, Herbert H. *"The Psychological Theory of Religion"* , *Towards Belief in God*. New York: Macmillan, 1978.

Rowe, William L. *"Freud and Religious Belief"* , *Philosophy of Religion: An Introduction*. Belmont, Calif.: Wadsworth, 1978.

Schaeffer, Francis A. *The God Who Is There*. Downers Grove, Ill.: InterVarsity Press, 1999. 『거기 계시는 하나님』, 1995년, 생명의 말씀사

스터디가이드

1. 비그리스도인은 기독교적 체험을 주로 어떤 식으로 논박하는가?

2. '공통 요인 오류'란 무엇인가?

3. 최근에 일반 사회와 대중매체에서 기독교적 체험을 공박하기 위해 '공통 요인 오류'를 어떤 식으로 사용해 왔는가?

4. 그리스도인도 다른 종교인들을 이해하기 위해 이 가설을 종종 활용한다. 그 이유는 무엇인가?

5. 무신론으로 인해 더 나은 삶으로 변화된 100명의 무신론자들을 거명할 수 있는가? 이 사실은 무신론을 옹호하거나 반박하기에 적절한 논거인가?

6. 폴 리틀에 의해 예시된, 계란 프라이가 자신에게 기쁨과 평안과 삶의 목적과 죄 용서와 살아갈 힘을 준다고 믿는 사람의 경우와 달리, 기독교적 체험의 타당성을 제대로 입증해주는 것은 무엇인가?

7. 그리스도를 구주로 진지하게 받아들이지만 기쁨과 평안과 삶의 목적과 죄 용서와 살아갈 힘을 느끼지 못하는 사람에게 당신은 무슨 말을 해주겠는가?

8. 그리스도에 대한 지적 증거 때문이 아니라 기독교가 다른 이들의 삶을 유익하게 하는 것 같기 때문에 그리스도께 이끌리는 사람을 당신은 알고 있는가? 이런 태도를 지닌 사람을 거부하거나 인정하는 성경 구절은 무엇인가?

9. 당신의 기독교적 체험을 환상으로 여기는 사람에게 당신은 본장의 진리들을 어떻게 효과적으로 제시할 수 있었는가?

10. 예수 그리스도를 통해 하나님께 소망을 두는 이유들의 목록에 새로 깨달은 사항을 첨가해 보라.

오 | 늘 | 의 | 한 | 마 | 디

"나의 업적들을 모조리 끌어 모은다고 해도, 목마른 자에게 예수께서 공급하시는 생수에 비하면 아무 것도 아니다." 말콤 머거리쥐

"수고하고 무거운 짐 진 자들아 다 내게로 오라 내가 너희를 쉬게 하리라." 예수 그리스도

주 (註)

chapter 1 _ 기독교는 합리적인가

1. C. S. Lewis, *Mere Christianity*(New York: Macmillan, 1943), p. 24.
2. R. C. Sproul, *Knowing Scripture*(Downers Grove, Ill.: InterVarsity Press, 1977), p. 17.
3. Antony Flew, *"Theology and Falsification," New Essays in Philosophical Theology*, Antony Flew와 Alasdair MacIntyre 편저(London: SCM Press, 1995).
4. 신학적 검증 문제에 대해서는, John W. Montgomery의 *"Inspiration and Inerrancy: A New Departure,"* Evangelical Theological Society Bulletin 8(1956년 봄): 45−75을 보라.
5. Bill Hybels, *The God You're Looking For*(Nashville: Thomas Nelson, 1997), p. 7.
6. Stephen Hawking, *A Brief History of Time*(New York: Bantam, 1988), p. 175.
7. C. S. Lewis, *The Quotable Lewis*(Wheaton, Ill.: Tyndale House, 1989), p. 299.
8. C. S. Lewis, *God in the Dock*(Grand Rapids, Mich.: Eerdmans, 1970), pp. 108−109.

chapter 2 _ 하나님은 존재하는가

1. Mortimer Adler, *Great Books of the Western World*, Robert Maynard Hutchins, vol. 2(Chicago: Encyclopedia Britannica, 1952), p. 561.
2. Samuel Zwemer, *The Origin of Religion*(Neptune, N.J.: Loizeaux Bros., 1945), n.p.
3. R. C. Sproul, *Reason to Believe*(Grand Rapids, Mich.: Zondervan, 1978), p. 112.
4. Lincoln Barnett, *The Universe and Dr. Einstein*(New York: Bantam, 1974), p. 95.
5. Sir Fred Hoyle, *The Intelligent Universe*(London: Michael Joseph, 1983), pp. 11−12, 19, 251.
6. Robert Grange, *Origins and Destiny*(Waco, Tex.: Word, 1986), p. 39.
7. Bernard Ramm, *The Christian View of Scripture*(Grand Rapids, Mich.: Zondervan,

1982), p. 148.
8. R. E. D. Clark, *Creation*(London: Tyndale Press, 1946), p. 20.
9. Pattle P. Pun, *Evolution: Nature and Scripture in Conflict?*(Grand Rapids, Mich.: Zondervan, 1982), p. 226.
10. Richard Lewontin, *"Adaptation"*, Scientific American 239, no. 3:212.
11. James Brooks, *Origins of Life*(Belleville, Mich.: Lion, 1985), pp. 109–110.
12. Robert Jastrow, *God and the Astronomers*(New York: W. W. Norton, 1978), pp. 12–14, 116.
13. William Lane Craig, *Existence of God And the Beginning of the Universe*(San Bernardino, Calif.: Here's Life, 1979), pp. 56–60.
14. Jastrow, *God and the Astronomers*, pp. 11, 14, 113–114.
15. C. S. Lewis, *Mere Christianity*(New York: Macmillan, 1943), pp. 3, 11, 15–19.

chapter 3 _ 그리스도는 하나님인가

1. John R. W. Stott, *Basic Christianity*(Downers Grove, Ill.: InterVarsity Press, 1958), p. 26.
2. C. S. Lewis, *"Miracles"*. Stott, Basic Christianity, p. 32에 인용.
3. Bernard Ramm, *Protestant Christian Evidences*(Chicago: Moody Press, 1953), p. 177.
4. Ibid.

chapter 4 _ 그리스도는 다시 살아나셨는가

1. David Strauss, *The Life of Jesus for the People*, 두 번째 판(London, 1879), 1:412.
2. B. F. Westcott, *The Gospel of the Resurrection*, 네 번째 판(London, 1879), pp. 4–6.

chapter 5 _ 성경은 하나님 말씀인가

1. Malcolm Muggeridge, *Jesus, the Man Who Lives*(New York: Harper & Row, 1975), p. 9.
2. J. D. Douglas, *New Bible Dictionary*(Downers Grove. Ill.: InterVarsity Press, 1962), p. 9.
3. B. B. Warfield, *The Inspiration and Authority of the Bible*(New York: Oxford

University Press, 1927), pp. 299 이하.
4. Gordon Clark, *Can I Trust My Bible?*(Chicago: Moody Press, 1963), pp. 15−16.
5. E. J. Carnell, *An Introduction to Christian Apologetics*(Grand Rapids, Mich.: Eerdmans, 1950), p. 208.
6. Andrew E. Hill과 John H. Walton, *A Survey of the Old Testament*(Grand Rapids: Mich.: Zondervan, 1991), p. 27.
7. Clark, *Can I Trust*, p. 27.

chapter 6 _ 성경은 믿을 만한가

1. Andrew E. Hill과 John H. Walton, *A Survey of the Old Testament*(Grand Rapids: Mich.: Zondervan, 1991), p. 14.
2. R. Laird Harris, *"How Reliable Is the Old Testament Text?" Can I Trust My Bible?*, Gordon Clark 편저(Chicago: Moody Press, 1963), p. 124.
3. Ibid., pp. 129−30.
4. B. F. Westcott와 F. J. A. Hort, *New Testament in Original Greek*, vol.2 (London, 1881), p. 2.
5. Lee Strobel이 Bruce Metzger와 인터뷰한 내용, Strobel, *The Case for Christ*(Grnad Rapids, Mich.: Zondervan, 1998), p. 63에 실림.
6. F. F. Bruce, *The New Testament Documents: Are They Reliable?*(Grand Rapids, Mich.: Eerdmans, 1959), pp. 12−13.
7. Ibid., p.14.
8. F. F. Bruce, *The Books and the Parchments*(Westwood, N.J.: Revell, 1963), p. 178.
9. K. A. Kitchen, *The Bible and Its World*(Dowrners Grove. Ill.: InterVarsity Press, 1977), p. 131.
10. Bruce, *New Testament Documents*, p. 19.
11. Sir Frederic Kenyon, *"The Bible and Archaeology"*, Bruce, *New Testament Documents*, p. 20에 인용.
12. E. J. Young, *"The Canon of the Old Testament"*, *Revelation and the Bible*, C. F. Henry 편저(Grand Rapids, Mich.: Baker, 1956), p. 156에서.

chapter 7 _ 고고학이 성경의 진실성을 입증하는가

1. W. F. Albright, *"Archaelolgy and the Religion of Isreae"*, *An Introduction to Bible Archaeology*, Howard F. Vos(Chicago: Moody Press), p. 121에서.

2. Millar Burrows, *"What Mear These Stones?"*, *An Introduction to Bible Archaeology*, Howard F. Vos 편저(Chicago: Moody Press), pp. 91-92에서.
3. H. Darrell Lance, *The Old Testament and the Archeologist*(Philadelphia: Fortress, 1981), p. 65.
4. Leighon Ford, *The Power of Story*(Colorado Springs: NavPress, 1994), p. 13.
5. A. R. Millard, *The Bible B.C.*(Phillipsburg, N.J.: Presbyterian& Reformed, 1982), p. 9.
6. A. Rendle Short, *Modern Discovery and Bible*(London: Inter-Varsity, 1949), p. 137.
7. Millard, *Bible B.C.*, p. 51.
8. A. R. Millard, *Treasures from Bible Times*(Belleville, Mich.: Lion, 1985), pp. 54-57.
9. Edwin M. Yamauchi, *The Stones and Scripture*(New York: Lippencott, 1972), p. 38.
10. Ibid., p. 39.
11. Mllard, *Treasures from Bible Times*, pp. 47-48.
12. Yigel Yadin, Yamauchi, *Stone*, p. 68에 인용.
13. Millard, *Bible B.C.*, p. 25.
14. Ibid., p. 27.
15. Short, *Modern Discovery*, p. 184.
16. R. F. Dougherty, Millard, *Bibile B.C.*, p. 29에 인용.
17. F. F. Bruce, *"Archaeological Confirmation of the New Testament"*, *Revelation and the Bible*, C. F. Henry (Grand Rapids, Mich.: Baker, 1958), p. 320에서.
18. Ibid., p. 323.
19. Ibid., p. 324.
20. Ibid., p. 327.
21. Keith N. Schoville, *Biblical Archaeology in Focus*(Grand Rapids, Mich.: Baker, 1978), p. 156.

chapter **8**_이적은 가능한가

1. J. N. Hawthorne, *Questions of Science and Faith*(London: Tyndale Press, 1960), p. 55.
2. Bernard Ramn, *Protestant Christian Evidences*(Chicago: Moody Press, 1953), p. 140.
3. Ibid., pp. 140-141.
4. Ibid., pp. 142-143.
5. C. S. Lewis, *"Miracles"*, Ramn, *Protestant Christian Evidences*, p. 143에 인용.
6. Ramn, *Protestant Christian Evidences*, p. 160.
7. Ibid.
8. G. K. Chesterton, *The Quotable Chesterton*(Garden City, N. Y.: 1987), p. 218.

chapter 9 _ 과학과 성경은 일치하는가

1. U. S. News & World Report, 1980년 12월 1일, p. 62.
2. Christianity Today, 1982년 10월 8일, p. 38에 인용.
3. J. P. Moreland, *The Creation Hypothesis*(Downers Grove, Ill.: InterVarsity Press, 1994), p. 17.
4. J. N. Hawthorne, *Questions of Science and Faith*(London: Tyndale Press, 1960), p. 4.
5. Hugh Ross, *The Creator and the Cosmos*(Colorado Springs: NavPress, 1993), p. 105.
6. Phillip Johnson, *Defeating Darwinism by Opening Minds*(Downer Grove, Ill.: InterVarsity Press, 1997), pp. 68, 69. 오늘날의 가장 영향력 있는 생물학자 중 한 명인 리처드 도킨스는 진화론자들의 신조를 가리켜 '이기적 유전자'라고 묘사한다.
7. Ross, *Creator and the Cosmos*, p. 107. 여기서도 리처드 도킨스는, 무한한 설계자의 존재란 생각할 수 없는 것이라는 무신론적 가설을 보여준다.
8. Johnson, *Defeating Darwinism*, p. 76.
9. Moreland, *Creation Hypothesis*, p. 205.
10. Johnson, *Defeating Darwinism*, p. 77.
11. G. A. Kerkut, *The Implications of Evolution*(London: Pergamon, 1960), p. 20.
12. 성경에서는 하나님이 공중에 나는 새들과 바다의 물고기들과 각종 생명체들을 각각 "그 종류대로" 창조하신 것으로 묘사한다. 여기서 '종류'가 '종'과 같은 뜻인지에 대해 묻는 것은 논리적 물음이다(창세기 1:21, 24). 신학자인 Kenneth Kantzer는 이 물음에 대해 부정적으로 답한다. "그것은 매우 일반적 의미에서의 '종류'이며, 린네가 말한 '문'과 '종' 둘 다에 적용될 수 있는 말이다. '그 종류대로'라는 표현을 하나님이 각각의 '종류'를 일일이 따로 창조하셨다고 하는 보는 것은 지나친 해석이다……다만 각각의 종류는 자신과 비슷한 생명체를 낳는다"(Kenneth S. Kantzer, *"Guideposts for the Current Debate over Origin"*, Christianity Today, 1982년 10월 8일, pp. 23, 26).
13. A. E. Wilder-Smith, *The National Sciences Know Nothing of Evolution*(San Diego: Master Books, 1981), p. 131.
14. Johnson, *Defeating Darwinism*, p. 16.
15. Ross, *Creator and the Cosmos*, pp. 19-20.
16. Ibid., p. 73.
17. Ross, *Creator and Cosmos*, pp. 118-121.
18. Francis A. Schaeffer, *No Final Conflict*(Downers Grove, Ill.: InterVarsity Press, 1975), p. 16.
19. Davis A. Young, *"An Ancient Earth Is Not a Problem; Evolutionary Man Is"*, Christianity Today, 1982년 10월 8일, p. 42.
20. Kantzer, *"Guideposts for the Current Debate"*, p. 26.
21. W. A. Criswell, *The Bible for Today's World*(Grand Rapids, Mich.: Zondervan, 1966), p. 30.

22. Kerkut, I*mplications of Evolution*, p. 3.
23. J. P. Moreland, *Seeds Resource Audio*(South Barrington, Ill.: Willow Creek Community Church, 1998).

chapter 10 _ 왜 하나님은 고통과 악을 허용하실까

1. Hugh Evan Hopkins, *Mystery of Suffering*(Downers Grove, Ill.: InterVarsity Press, 1959).
2. Ibid., p. 13.
3. J. B. Phillips, *God Our Contemporary*(New York: Macmillan, 1960), pp. 88–89.

chapter 11 _ 기독교는 다른 종교와 다른가

1. Open Door, 1996–1997 (Annapolis Junction, Md. Institute of International Education, 1997).
2. Ravi Zacharias, *Can Man Live Without God*(Dallas: Word, 1994), pp. 126–131.
3. Bill Hybels와 Mark Mittelberg, *Becoming a Contageous Christian*(Grand Rapids, Mich.: Zondervan, 1994), p. 151.
4. Ibid., p. 155.
5. William Lane Craig, *No Easy Answers*(Chicago, Ill.: Moody Press, 1990), p. 102.

chapter 12 _ 기독교적 체험은 타당한가

1. Anthony Standen, *Science Is a Sacred Cow*(New York: E. P. Dutton, 1962), p. 25.
2. Orville S. Walters, *You Can Win Others*(Winona Lake, Ind.: Light & Life, 1950).
3. D. Martyn Lloyd–Jones, *Conversions : Psychological or Spiritual*(Downers Grove, Ill.: InterVarsity Press, 1959), p. 13.
4. J. B. Phillips, *God Our Contemporary*(New York: Macmillan, 1960), pp. 22–23.
5. Ravi Zacharias, *Can Man Live Without God*(Dallas: Word, 1994), p. 141.

사명선언문

너희가 흠이 없고 순전하여……세상에서 그들 가운데 빛들로
나타내며 생명의 말씀을 밝혀 _ 빌 2:15-16

1. 생명을 담겠습니다
만드는 책에 주님 주신 생명을 담겠습니다.
그 책으로 복음을 선포하겠습니다.

2. 말씀을 밝히겠습니다
생명의 근본은 말씀입니다.
말씀을 밝혀 성도와 교회의 성장을 돕겠습니다.

3. 빛이 되겠습니다
시대와 영혼의 어두움을 밝혀 주님 앞으로 이끄는
빛이 되는 책을 만들겠습니다.

4. 순전히 행하겠습니다
책을 만들고 전하는 일과 경영하는 일에 부끄러움이 없는
정직함으로 행하겠습니다.

5. 끝까지 전파하겠습니다
모든 사람에게, 땅 끝까지, 주님 오시는 그날까지
복음을 전하는 사명을 다하겠습니다.

서점 안내

광화문점 서울시 종로구 새문안로 69 구세군회관 1층
02)737-2288 / 02)737-4623(F)

강남점 서울시 서초구 신반포로 177 반포쇼핑타운 3동 2층
02)595-1211 / 02)595-3549(F)

구로점 서울시 동작구 시흥대로 602, 3층 302호
02)858-8744 / 02)838-0653(F)

노원점 서울시 노원구 동일로 1366 삼봉빌딩 지하 1층
02)938-7979 / 02)3391-6169(F)

일산점 경기도 고양시 일산서구 중앙로 1391 레이크타운 지하 1층
031)916-8787 / 031)916-8788(F)

의정부점 경기도 의정부시 청사로47번길 12 성산타워 3층
031)845-0600 / 031)852-6930(F)

인터넷서점 www.lifebook.co.kr